Georg Sterzinsky *Helfer zur Einheit*

Wolfgang Knauft

Georg Sterzinsky

Helfer zur Einheit

benno

Die Lebensleistung eines Menschen schon wenige Jahre nach dessen Tod zu würdigen, hat immer etwas Vorläufiges, Unvollkommenes an sich. Das gilt auch für das Lebenszeugnis des 2011 verstorbenen achten Berliner Bischofs, Georg Kardinal Sterzinsky. Zudem verblasst die lebendige Erinnerung an Persönlichkeiten von gestern in unserer hochtourigen Informationsgesellschaft offenbar schneller als früher.

Diese knappe Broschüre will keine auf Vollständigkeit bedachte, abgerundete, historisch-kritische Biographie en miniature sein. Es sollen vielmehr von verschiedenen Seiten in gebotener Kürze einige Wesenszüge nachgezeichnet werden. Sie versuchen, den Menschen Georg Sterzinsky auf dem jeweiligen Zeithintergrund zu beleuchten und ihm gerecht zu werden. Er verdient es nicht, so schnell vergessen zu werden.

Als »Familienbischof« in der Deutschen Bischofskonferenz wusste sich Georg Kardinal Sterzinsky den Werten von Ehe und Familie besonders verpflichtet. Zugleich trat er nachdrücklich für eine kinderfreundliche Gesellschaft ein. Er zeigte immer wieder seine eigene Verbundenheit mit diesen Werten, wie hier beim Besuch im Kinderhaus Sonnenblume in Schönow mit Schwester Monika.

Georg Kardinal Sterzinsky leitete das Diasporabistum Berlin vom 24. Juni 1989 bis zum 24. Februar 2011. Das Bistum wurde 1994 Erzbistum. Der achte Berliner Bischof starb am 30. Juni 2011.

Inhalt

Durch das Ermland und Kriegsende geprägt 9
Bistum Ermland 14
Vertrieben aus der Heimat 19
Pfarrer der Mammutgemeinde Jena 23
Kein Verwalter von Zahlen und Dogmen 28
Als GV nicht nur hinter dem Schreibtisch 30
Ordnung muss sein 33
Zum Bischof von Berlin ernannt 34
Auf dem Weg zur Wende 37
Gott ist immer größer 42
Helfer zur Einheit 43
Innere Einheit kam nicht über Nacht 46
Sterzinsky stellte sich der Finanzkrise 51
Altlasten der DDR entsorgen 54
Jeder eitlen Selbstdarstellung abhold 55
Hilfe für Gemeinden im ehemaligen Ostblock 59
»Familienbischof« oft gefragt 67
Deutsch-polnisches Gedenken an den »Fall Stettin« 68
Nach der Wende neues Schulangebot gewagt 70
Ökumene war Chefsache 74
Ein ungewöhnliches Abendessen 79
Mit dem Papst im Olympiastadion 81
Bücherfan und religiös Suchender 81
Schwere Krankheit und Tod 83
Nachruf aus Heiligenstadt 86
Weihbischof Weider zum 25. Jahrestag der Bischofsweihe 87
Letztes Interview – ein Vermächtnis 90
Zeittafel 96
Zu den Autoren 98

Durch das Ermland und Kriegsende geprägt

Spätherbst 1944. Das alte Kulturland Ostpreußen mit seinen »dunklen Wäldern und kristallnen Seen« erlebte den letzten Akt einer Tragödie, die ohne Gnade war. Die sowjetische Großoffensive hatte am 16. Oktober die Reichsgrenze erreicht. Ostpreußen, eine bisherige Oase des Friedens, wurde zum ersten deutschen Kriegsschauplatz.[1] Sowjetische Frontzeitungen und Flugblätter mobilisierten unter den vorrückenden Rotarmisten fanatischen Hass, »die verwundete, deutsche Bestie endgültig zu zerschlagen«. Blindwütige, sadistische Rachegefühle wurden geschürt: »Dort in Deutschland versteckt sich der Deutsche, der Dein Kind ermordet, Deine Frau, Braut und Schwester vergewaltigt, Deine Mutter, Deinen Vater erschossen, Deinen Herd niedergebrannt hat.« Jeder Bauernhof sei eine Höhle dieser deutschen Bestien. Die Rote Armee sollte Rächer und Richter sein. Und sie war es.

Bei der Eroberung von Nemmersdorf[2] am 21. Oktober 1944, einem kleinen Dorf etwa 150 Kilometer nordöstlich von Allenstein, entlud sich erstmals auf deutschem Boden die ganze Rache der Sowjetarmee. Rotarmisten verübten bestialische Kriegsverbrechen. Als das Dorf zwei Tage später durch einen Gegenangriff zurückerobert wurde, boten sich den deutschen Soldaten Schreckensbilder: Erschlagene, geschändete und erschossene Frauen und Männer, Kinder und Greise in den Häusern und auf der Straße. Manche Frauen wurden »im Kollektiv« vergewaltigt. Der Name Nemmersdorf wurde

---

1 Die Endphase des Zweiten Weltkrieges machte das Bistum Ermland zum Ort wochenlanger blutiger Kämpfe. 1242 wurde das Bistum in Preußen im Gebiet des Deutschordenslandes gegründet. Nach der Reformation wurde Ermland exemt. Historischer Sitz der ermländischen Bischöfe war bis 1945 Frauenburg, an dessen Dom auch Domherr Nikolaus Kopernikus wirkte. 1917 wurden die Bistumsgrenzen deckungsgleich mit der Provinz Ostpreußen gezogen. Von 1930 bis 1945 gehörten Ermland wie das neu errichtete Bistum Berlin zur Ostdeutschen Kirchenprovinz unter dem Erzbischof von Breslau als Metropoliten. 1945 wurden von acht Domherren des Bistums sechs erschossen oder nach Russland deportiert. Seit Kriegsende wird das Bistum Ermland von polnischen Bischöfen geleitet mit dem Sitz in Allenstein (Olsztyn). 1992 wurde Olsztyn polnisches Erzbistum.
2 Nemmersdorf, heute Maiskoje, liegt auf dem jetzt zu Russland gehörenden Nordteil Ostpreußens. Schon auf der Konferenz von Jalta (4. – 11. Februar 1945) beschlossen die drei Alliierten, dass der Nordteil Ostpreußens mit Königsberg von der UdSSR verwaltet werden sollte. Die Grenzlinie wurde fast gradlinig von der Küste des Frischen Haffs unmittelbar südlich von Heiligenbeil nach Osten gezogen quer durch Ostpreußen und stößt nördlich von Goldap auf die alte litauisch-ostpreußische Grenze. Eine endgültige Grenzziehung sollte einem Friedensvertrag vorbehalten bleiben.

Symbol der grausamen Rache der Roten Armee für alles, was in deutschem Namen in der UdSSR geschehen war. Einer der fanatischen Hassprediger dieses mörderischen Rachefeldzugs war der Schriftsteller Ilja Ehrenburg, der in den sowjetischen Frontzeitungen zur gnadenlosen Rache aufhetzte.

Nur wenige russische Offiziere, wie Lew Kopelew[3] oder Alexander Solschenizyn[4], die beide in Ostpreußen eingesetzt waren, haben diese und ähnliche Verbrechen ungeschminkt öffentlich beim Namen genannt und verurteilt. Kopelew wurde daraufhin wegen »Propagierung des bürgerlichen Humanismus, Mitleid mit dem Feind und Untergrabung der politisch-moralischen Haltung der Truppe« zu zehn Jahren Lagerhaft verurteilt.

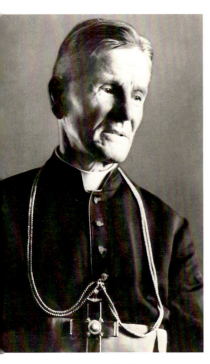

Bischof Kaller nach der Vertreibung

Die Härte der Schlussphase des Zweiten Weltkrieges bekam zunächst Ostpreußen zu spüren. Das Bistum Ermland wurde von Bischof Maximilian Kaller geleitet (1880 in Beuthen/OS geboren, von 1905 bis 1917 Pfarrer in Bergen auf Rügen, bis 1926 Pfarrer von St. Michael in Berlin, 1930 Bischof von Ermland). Am 7. Februar 1945 wurde er von der SS wegen der vordringenden Roten Armee deportiert. Nach seiner Rückkehr aus Halle/Saale nach Kriegsende, teilweise mit einem Handwagen zu Fuß, bedrängte ihn der polnische Primas Hlond am 16. August 1945 in Pelplin, auf sein Bistum zu verzichten und das jetzt polnische Gebiet innerhalb von drei Tagen zu verlassen. Hlond berief sich auf päpstliche Sondervollmachten, von denen er später im Schreiben vom 24. Oktober 1946 an den Vatikan zugab, seine Kompetenzen überschritten zu haben. Mit dieser Strategie wurde er zum Schrittmacher der Polonisierung kirchlichen Lebens in den »wiedergewonnenen Westgebieten«. Pius XII. ernannte Kaller 1946 zum Päpstlichen Sonderbeauftragten für die Heimatvertriebenen. Für den 1947 verstorbenen Bischof ist ein Seligsprechungsverfahren eingeleitet.

---

3 Kopelew, Lew: Aufbewahren für alle Zeit. Göttingen, 1976.
4 Solschenizyn, Alexander: Schwenkitten 45. München, 2004.

Die NS-Propaganda lud Pressevertreter des In- und Auslandes nach Nemmersdorf ein, um an Ort und Stelle über die schrecklichen Funde zu berichten. Die NS-Wochenschau der UFA verbreitete Bilder dieser Orgie des Hasses und der Rache. Wer in Ostpreußen einen Volksempfänger besaß, konnte im Deutschlandsender die Schreckensreportagen mit allen Details hören. Eine Welle der Angst erfasste alle, die vom sowjetischen Vormarsch unmittelbar bedroht waren. Dazu zählten besonders die 2,14 Millionen Einwohner Ostpreußens. Auch die »Allensteiner Zeitung«, die in der Familie Sterzinsky gelesen wurde, berichtete ausführlich über die Gräuel von Nemmersdorf. Aus der »Festung« Königsberg tönte der ungeliebte Gauleiter Erich Koch, Hitlers brauner »Zar von Ostpreußen«, die Provinz werde »gehalten, eine Räumung kommt nicht in Frage«. Er rechnete dabei besonders mit dem Volkssturm.[5] Dieser militärische Einsatz alter Männer und halber Kinder war »der erste in Deutschland und damit Modellfall für das NS-Regime im ganzen Reich«.[6] Aber Kochs großsprecherische Durchhalteparolen waren reines Wunschdenken. Hitlers »Tausendjähriges Reich« stand längst am Abgrund. Zunächst stockte allerdings der sowjetische Vormarsch. Die deutschen Verteidiger waren noch einmal erfolgreich. Es herrschte wenige Monate »Ruhe vor dem Sturm«.

Mit einem gewaltigen Trommelfeuer begann am 13. Januar 1945 die gestaffelte sowjetische Großoffensive an der Ostfront. Der Roten Armee gelangen überall vom Nordabschnitt bis zu den Beskiden operative Durchbrüche und damit ein stürmischer Vormarsch. In Ostpreußen war die Offensive allerdings zunächst weniger erfolgreich. Die deutschen Verteidiger konnten die Rote Armee mehrere Tage aufhalten. Viele haben damals auf Landkarten den veränderten Frontverlauf nach den Angaben des täglichen Wehrmachtberichtes mit Stecknadeln markiert, auch die Familie Sterzinsky. Die Schrecken des Krieges rückten von Tag zu Tag unaufhaltsam näher. Der Kampfkommandant in Allenstein beschwichtigte noch am 17. Januar großsprecherisch, es werde hier nicht zum »Ernstfall« kommen. Die etwa 50 000 Einwohner schwankten zwischen Angst und Ungewissheit. Erst als die sowjetische Vorhut nur noch sieben Kilometer von der Stadtgrenze entfernt war, wurde die Evakuierung erlaubt. Wie ein Lauffeuer ging durch Allenstein das »Rette sich, wer kann!«.

---

5 Hitler hatte am 25. September 1944 befohlen, aus waffenfähigen Männern zwischen 16 und 60 Jahren unter Kommando von bewährten Parteiführern den deutschen Volkssturm aufzustellen, deren Angehörige nur durch Armbinden gekennzeichnet waren.
6 Das Deutsche Reich und der Zweite Weltkrieg. Bd. 10, München, 2008. S. 532.

Am Morgen des 22. Januar wurde Allenstein von sowjetischen Einheiten erobert. Es kam zu zahlreichen Misshandlungen und Kriegsverbrechen. So wurden in der als Feldlazarett genutzten Heilanstalt Kortau alle Patienten und das gesamte Pflegepersonal umgebracht. Lakonisch stand im Kriegstagebuch des Wehrmachtführungsstabes unter dem Datum des 24. Januar im Stil eines trockenen Schriftsatzes wie aus der Feder eines unbeteiligten Notars: In Ostpreußen sei der Feind eingedrungen »in Osterode, Hohenstein und Allenstein. Nach Bergung der Gebeine des Feldmarschalls von Hindenburg und der Fahnen wurde das Denkmal von Tannenberg gesprengt«.[7] In langen Flüchtlingstrecks zogen Pferdewagen und -schlitten bei klirrender Kälte auf vereisten Straßen westwärts. Horrorgerüchte und Zukunftsängste begleiteten sie. Alle Verbindungsstraßen zur Weichsel und zum Reich waren akut bedroht oder schon unterbrochen. Wo sollten die Trecks also enden? Nicht alle Einwohner konnten sich entschließen, ihre Heimat zu verlassen, um sich mit ihren Familien einem ungewissen Schicksal westlich der Weichsel auszuliefern. Maximilian Sterzinsky entschloss sich jedoch mit Frau und sechs Kindern am 21. Januar 1945 zur Flucht aus Jomendorf. Bei minus 20 Grad hatte der Treck mit der Familie Sterzinsky sowjetische Panzerspitzen ständig im Nacken. Er war einer von Hunderttausenden in Ostpreußen, Westpreußen und später in Schlesien und Hinterpommern, die die Ungewissheit in Eis und Kälte in Kauf nahmen, um der rächenden Willkür der Sieger zu entgehen.

Unterwegs änderte Vater Sterzinsky seinen Plan und steuerte Wolfsdorf an, das Haus der Großmutter im Landkreis Heilsberg. Georg Sterzinsky wurde in dem 300-Einwohner-Dorf Warlack Kr. Heilsberg am 9. Februar 1936 geboren. Die Familie zog jedoch kurz danach nach Jomendorf, einem kleinen Dorf mit ca. 900 Einwohnern, drei Kilometer südlich von Allenstein. Georg Sterzinsky war aber immer wieder bei der Großmutter in Wolfsdorf zu Besuch. Er kam also keineswegs in die Fremde.

Kurz nach der Flucht der Familie Sterzinsky eroberte die Rote Armee das zu einem Viertel zerstörte Jomendorf. Der Ort gehörte zum Kirchspiel Groß-Bertung. Der sonntägliche Kirchbesuch dort war selbstverständlich, ebenso

---

7 Im Wehrmachtführungsstab wurde über die Kriegsereignisse ein Tagebuch geführt, das nicht zur Veröffentlichung bestimmt war. Einer der Verfasser, Percy Ernst Schramm, hatte diese Aufzeichnungen über den Krieg gerettet und 1962 veröffentlicht (Die Niederlage 1945. München, S. 95). Der deutsche Sieg über die russischen Armeen im Ersten Weltkrieg hieß zunächst »Schlacht bei Allenstein«, wurde dann aber auf Geheiß Hindenburgs »Schlacht bei Tannenberg« genannt. Das am Kriegsende gesprengte Ehrenmal lag etwa 30 km südwestlich von Allenstein.

Allenstein (Olsztyn) mit der mittelalterlichen St. Jacobi-Kirche, der katholischen Hauptkirche der Stadt, und der Burg. St. Jakobi ist seit 1972 Konkathedrale des Bistums Ermland. Als katholisch gebliebene Oase liegt das Ermland inmitten des übrigen Kulturlandes Ostpreußen.

die Erstkommunion der Kinder. Am 22. Januar 1945 ereilte den Pfarrer von Groß-Bertung, Otto Langkau, ein tragisches Schicksal. Als der Geistliche Rat auf stürmisches Klopfen die Haustür öffnete, wurde er von einem Russen brutal niedergeschossen. Er »erhielt zwei Herzschüsse und eine an den Kopf geschleuderte Handgranate, die nicht explodierte. Ein russischer Kommandant, der in das Pfarrhaus einzog, ordnete an, dass der Pfarrer in der Kirche beerdigt werden soll«, wie Langkaus Nichte berichtete. Vor der Kommunionbank wurde daraufhin der erschossene Pfarrer am 28. Januar beigesetzt. Langkaus Neffe, Kaplan Paul Langkau, hielt das Requiem, wurde 14 Tage später selbst nach dem Ural verschleppt und soll dort an Typhus gestorben sein.

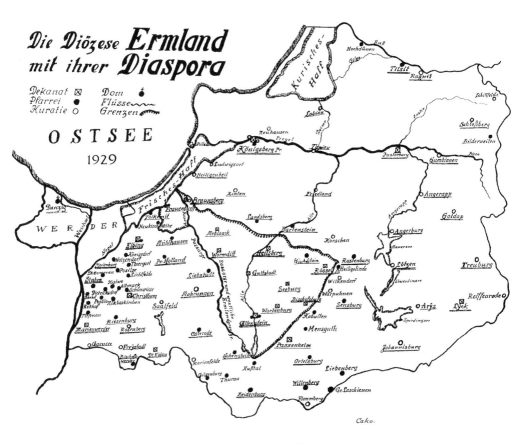

Bistum Ermland

Wie eine Oase liegt das katholische Ermland im überwiegend evangelischen Ostpreußen. Von einem Küstenstreifen am Frischen Haff mit der Domstadt Frauenburg und der alten Hansestadt Braunsberg reicht es in südöstlicher Richtung bis zu den Masurischen Seen um den heutigen Bischofssitz Allenstein und die Kleinstadt Rössel. Das 1243 gegründete Bistum Ermland durchlebte lichte Höhen und im Jahre 1945 abgründige Tiefen. Es blieb in den Umbruchjahren der Reformation nur deshalb katholisch, weil der jeweilige ermländische Bischof nicht im Deutschen Orden inkorporiert war. Er schuldete deshalb keinen Gehorsam, als der letzte Hochmeister Albrecht von Preußen 1525 zum Protestantismus übertrat. Bei der ersten Teilung Polens im Jahre 1772 fiel das Ermland an Preußen und blieb seitdem eng mit der deutschen Geschichte verbunden. Als Folge des Versailler Friedensvertrages 1919 vergrößerte sich das Bistumsterritorium über das ursprüngliche Ermland hinaus. 1926 wurden auch die Gemeinden des Memelgebietes dem Bistum Ermland zugeordnet.

Das Bistum Ermland wurde zusammen mit dem Bistum Berlin und der Freien Prälatur Schneidemühl durch das Preußenkonkordat 1929 dem Erzbistum Breslau als Kirchenprovinz zugeordnet. »Berliner Blut« kam ins Ermland sozusagen durch Maximilian Kaller, den ehemaligen Pfarrer von St. Michael im heutigen Bezirk Mitte. Seine bischöfliche Pastoral von 1930 bis 1945 war von persönlicher Gemeindenähe und ständigen Auseinandersetzungen mit dem NS-Regime geprägt. Bei der letzten relativ freien Reichstagswahl am 5. März 1933 hatte Hitlers Partei in Stadt und Landkreis Allenstein ein beachtliches Wahlergebnis der Zentrumspartei hinnehmen müssen. Jeweils 9 897 und 8 500 Wähler votierten für das Zentrum, während die Ergebnisse der NSDAP trotz massiver Wahlpropaganda nur etwas darüber lagen.

In einem Grenzlandbistum war der Weltanschauungsdruck des NS-Staates stets besonders heftig. Im Bistum Ermland hatten mindestens 219 Welt- und Ordensgeistliche Verhöre oder Verhaftungen durch die Gestapo erlitten. Gegen Ende des Zweiten Weltkrieges ging die Hauptkampflinie im Winter 1944/1945 monatelang quer durch Ostpreußen. Bischof Kaller bat seine Priester, bei ihren Gemeinden auszuharren, solange der größere Teil der Gläubigen am Ort blieb. Viele verzichteten auf die Flucht. Sie wollten »lieber zu Hause sterben als auf der Landstraße«. Von den bei ihrer Gemeinde verbliebenen Seelsorgern wurden 22 von marodierenden Russen erschossen, 48 nach Russland verschleppt. Von ihnen starben 38 in Arbeitslagern. Bischof Kaller meldete sich als einziger deutscher Bischof zur Seelsorge an Juden im Ghetto Litzmannstadt. Die deutschen Behörden lehnten jedoch diesen Opfergang ab.

Die Kaufmannstochter Regina Protmann (1552–1613), die die Krankenpflege-Kongregation der Katharinerinnen gründete, hinterließ weit über ihre ermländische Heimat Braunsberg hinaus Spuren des Glaubens und der Caritas. Die Ordensgründerin wurde 1999 von Papst Johannes Paul II. in Warschau selig gesprochen.

1930 wurde im Bistum Berlin das Wilmersdorfer St. Gertrauden-Krankenhaus gegründet. Heute sind allerdings nur noch wenige Katharinerinnen hier tätig. In den Jahren der deutschen Teilung war das St. Gertrauden-Krankenhaus Anlaufstelle und Stützpunkt für viele ehemalige Ermländer, darunter auch Dr. Gerhard Fittkau (1912–2004). Seine Erlebnisse aus der Schreckenszeit der letzten Kriegstage und der anschließenden Verschleppung hielt der ehemalige Sekretär von Bischof Kaller und spätere Pfarrer von Süßenberg in seinem Buch »Mein 33. Jahr« fest. Es wurde weltweit in zwölf Sprachen übersetzt und erlebte mehrere Auflagen. Nach seiner Freilassung aus dem sowjetischen Arbeitslager wurde Dr. Fittkau 1948 Generalsekretär des Bonifatiuswerkes in Paderborn. Während des Zweiten Vatikanischen Konzils leitete er das deutschsprachige Pressebüro in Rom. Von 1962 bis 1983 lehrte er als Professor für Dogmatik in Essen.

Der Königsberger Prof. Eduard Bischoff hat in einem Holzschnitt eigenes Erleben bei seiner Flucht über das zugefrorene Frische Haff unter Tieffliegerbeschuss zum Ausdruck gebracht. Die Flucht zur Frischen Nehrung in Richtung Westen gestaltete sich für Zehntausende zum Wettlauf mit dem Tod. Die Landzunge der Nehrung war das ersehnte Nadelöhr zur Freiheit.

Jahre später beschloss die Gemeinde, den Heimatpfarrer der Familie Sterzinsky auf den Gemeindefriedhof umzubetten. Der 73-jährige Geistliche[8] ist eines der vielen Opfer des ermländischen Klerus in der Schlussphase des Zweiten Weltkrieges.

Als die »Operation Ostpreußen« der Roten Armee ihrem Ende zuging und die Kampfhandlungen sich westwärts Richtung Oder und Berlin verschoben, legte sich ein beklemmender Schleier der Ungewissheit und Rechtsunsicherheit über Städte und Dörfer im sowjetisch besetzten Ostpreußen. Übergriffe

---

[8] Erzbischof Wojciech Ziemba von Allenstein leitete 2007 einen Seligsprechungsprozess für 34 Blutopfer des Zweiten Weltkrieges ein, darunter auch für Pfarrer Otto Langkau. 38. Heimat-Jahrbuch des Landkreises Allenstein, 2007. S. 155.

und Gewalttaten von Rotarmisten und später von Polen waren an der Tagesordnung, selbst wenn fast überall sowjetische Ortskommandanturen als häufig aufgesuchte Beschwerdeinstanzen eingerichtet waren. Die Alltagssorgen hießen: Wie kann die Familie heute satt werden? »Über ein Jahr lebten wir in einem Streifen Land, der verbrannter Erde gleichkam, ... Ernähren mussten wir uns von dem, was wir in den zerstörten Häusern fanden, bzw. von dem wenigen, was wir im Sommer ernten konnten. Schlimm war es, dass es keine medizinische Versorgung gab, keine Apotheke, gar nichts.«[9]

Während Familie Sterzinsky bei eisigen Temperaturen um das tägliche Überleben kämpfte, hoffte sie wie viele Flüchtlinge, nach einiger Zeit wieder nach Hause nach Jomendorf zurückkehren zu können. Sie wusste nicht, dass Roosevelt, Stalin und Churchill in dem einst idyllischen Zarenschloss Liwadija auf der Halbinsel Krim schon anders beschlossen hatten. Es ging in der Jalta-Konferenz vom 4. bis 11. Februar 1945 um die Machtverteilung in Europa, um die Zukunft im Spannungsgebiet Ostasien und um die künftige Weltgemeinschaft der Vereinten Nationen. Stalin hatte zielstrebig einen Sicherheitsring von Satellitenstaaten gezogen, der sich vom Baltikum über Polen und Ungarn bis zur Tschechoslowakei legen sollte. Als Ostgrenze Polens bestimmte er die nach dem Ersten Weltkrieg 1919 gezogene Curzon-Linie. Für den territorialen Verlust dieser polnischen Ostgebiete sollte Warschau mit einem Teil Ostpreußens und im Westen mit einem großen deutschen Gebiet entschädigt werden. Dafür legte Stalin als polnische Westgrenze die Oder und die Lausitzer Neiße fest. Rund sechs Millionen Deutsche und etwa zwei Millionen Polen wurden auf dem Schachbrett der Macht nach Gutdünken der Großen Drei zum Opfer ethnischer Säuberungen.

Die deutsche Bevölkerung in Ostpreußen, Pommern und Schlesien ahnte nicht, dass die Würfel über ihre Zukunft in Jalta bereits gefallen waren. Ihre damaligen Informationen stammten zumeist aus der Gerüchteküche oder waren Zufallsinformationen. Was auf der Bühne der Weltpolitik wirklich geschah, wurde – wenn überhaupt – nur propagandistisch gefärbt bekannt. Die beiden Westmächte zeigten sich, trotz erheblicher Bedenken, Stalin gegenüber kompromissbereit, um dessen streng geheim gehaltene Zusage zu gewinnen, zwei bis drei Monate nach der deutschen Kapitulation in den Krieg gegen Japan einzutreten. Aber schon am 5. März 1945, also bald nach dem Ende der Jalta-Konferenz, bereute Churchill seine nachgiebige Kompromissbereitschaft. In der Aufsehen erregenden Rede in Fulton/USA erklärte er:

---

9 Unter besonderem Schutz ... Georg Kardinal Sterzinsky im Gespräch mit Helmut S. Ruppert. Augsburg, 2002. S. 19 (zitiert: Sterzinsky im Gespräch).

»Von Stettin an der Ostsee bis Triest an der Adria hat sich ein Eiserner Vorhang auf Europa herabgesenkt. Dahinter liegen all die Hauptstädte der alten Staaten Mittel- und Osteuropas: Warschau, Berlin, Prag, Wien, Budapest, Bukarest und Sofia.« In der Anti-Hitler-Koalition des Zweiten Weltkrieges zeichneten sich die ersten Konfliktlinien des kommenden Kalten Krieges ab.

Die Vereinbarung, dass »die endgültige Festlegung der Westgrenze Polens der Friedenskonferenz vorbehalten bleiben« solle, half wenig. Umso lauter redete die polnische Propaganda von ihren »wiedergewonnenen Westgebieten«.[10] Stalin hatte längst Fakten geschaffen, ob die Westalliierten wollten oder nicht. Er stand mit der Roten Armee schon an der Oder und damit vor den Toren Berlins und bald auch an der Elbe. Titos Abgesandter Milovan Djilas berichtete bei einem Moskau-Besuch im April 1945 von Stalins Urteil: »Dieser Krieg ist anders als die früheren. Wer ein Gebiet erobert, zwingt ihm auch sein eigenes Gesellschaftssystem auf, so weit seine Armee kommt.«

Ein schmerzliches Kapitel bildeten die Zwangsdeportationen deutscher Arbeitskräfte. Allein aus Ostpreußen wurden ca. 100 000 Männer und Frauen in Sammellagern konzentriert und dann nach dem Osten transportiert. Schon am 14. Februar wurden Einwohner Allensteins, zumeist Frauen, aus ihren Wohnungen herausgezerrt und zu Arbeitskolonnen eingeteilt. Zu Fuß wurden sie über Guttstadt nach Insterburg getrieben und in Sammeltransporten nach Russland deportiert. Diese »menschlichen Reparationen« bezahlten Tausende deutscher Zwangsarbeiterinnen und Zwangsarbeiter mit Leib und Leben.

Auf der Konferenz von Jalta erlangte Stalin von den Westmächten die Zustimmung, dass die UdSSR nach dem Sieg über Deutschland deutsche Reparationen außer in der Form von Demontagen und Leistungen aus der Produktion auch in Form der »Nutzung deutscher Arbeitskräfte« beanspruchen kann.[11] Diese interalliierte Abmachung kam zustande, als die Deportationen der Zwangsarbeiter nahezu beendet und viele Tausende schon nach Sibirien und dem Ural verschleppt worden waren. Dennoch gab Jalta eine Art Rechtsgrundlage, auf die sich die sowjetische Führung berufen konnte.

In den ländlichen Gegenden Ostpreußens zwang die Rote Armee die zu-

---

10 Im Oktober 1945 wurde in Warschau das »Ministerium für die Wiedergewonnenen Gebiete« gegründet. Es bestand bis 1949. Ihm oblag es, für die »grenzkolonisatorische« Integration der Gebiete zu sorgen, die nach der Vertreibung der Deutschen mit polnischer Bevölkerung zu besiedeln waren.
11 Diese Bestimmung wurde in das Reparationsabkommen der drei Siegermächte bei der Potsdamer Konferenz vom Juli 1945 nicht aufgenommen.

rückgebliebene Bevölkerung ebenfalls zum Arbeitseinsatz. Sie scheute sich dabei auch nicht, Kinder zur Arbeit heranzuziehen. Auch in der Umgebung von Wolfsdorf galt es, Spuren der wochenlangen verlustreichen Kämpfe des Kessels von Heiligenbeil[12] zu beseitigen. Der neunjährige Georg Sterzinsky musste wie andere Kinder und Jugendliche dabei helfen. Dazu gehörte das Verscharren von Leichen und zerfetzten Körperteilen, die verstümmelt oder bereits halb verwest waren. Der Verwesungsgeruch und die Schreckensbilder zerrissener Leichen brannten sich unauslöschlich in jedes kindliche Gedächtnis ein.

Als plündernde Russen in das Haus eindrangen, Frauen suchten und vergewaltigten, versteckte sich der Neunjährige unter einem großen Tisch und wurde Augen- und Ohrenzeuge. Unter einem Vorwand stellte ihn ein Rotarmist einmal mit dem Gesicht zur Wand und quälte ihn durch die klickenden Geräusche des Entsicherns seiner Waffe. Wer behält von Erlebnissen wie dieser Scheinerschießung nicht lebenslang ein Trauma zurück? Noch nach Jahrzehnten kam Sterzinsky mehrfach in kleinem Kreis emotional erregt auf diese ersten Nachkriegsmonate zu sprechen. Er erzählte aber auch von den priesterlosen Monaten ohne Gottesdienste, ohne deutsche Predigten und Katechesen und ohne die Spendung der Sakramente. Gerade dieser Mangel habe ihm die Bedeutung des priesterlichen Dienstes erfahrbar gemacht.

Vertrieben aus der Heimat

1946 wurde Familie Sterzinsky von den polnischen Verwaltungsbehörden aus ihrer Heimat vertrieben. Nur wer für Polen optierte, konnte bleiben. »Ich habe nie Hass gegenüber denen gehabt, die uns vertrieben haben«[13], sagte Sterzinsky später. Der Güterzug mit mehreren hundert Heimatvertriebenen war vierzehn Tage unterwegs. Erstes Ziel waren für Familie Sterzinsky entfernte Verwandte in Thüringen, also in der Ostzone, der sowjetischen Besat-

---

12 Der Roten Armee gelang am 27. Januar 1945 bei Elbing der Durchbruch zur Ostsee. Damit war Ostpreußen vom übrigen Reichsgebiet abgeschnitten. Der Ausbruchsversuch der 4. Armee Richtung Westen scheiterte. Die Reste der Armee waren im Kessel von Heiligenbeil zusammengedrängt. Oft lebte die Zivilbevölkerung zwischen den Fronten in Angst und Schrecken. Rund 80 000 deutsche Soldaten fanden den Tod, ca. 50 000 gingen in Gefangenschaft. Etwa 58 000 Überlebende und ca. 7 000 Verwundete konnten am 29. März die Frische Nehrung und die Hafenstadt Pillau erreichen und damit die rettende Ostsee.
13 Sterzinsky im Gespräch, S. 17.

zungszone.[14] Als Georg elf Jahre alt war, starb die Mutter. Ein Jahr später besuchte er in Erfurt das Winfried-Haus, ein katholisches Internat, um in der Stadt auf der Thomas-Müntzer-Schule sein Abitur zu machen. Klassenkameraden haben ihn als hochbegabten Mitschüler in Erinnerung, der zumeist einzelgängerisch seiner Wege ging.

Der atheistische Ideologiestaat DDR hatte noch vor seiner Gründung die »antifaschistisch-demokratische Umwälzung« eingeleitet. Dazu gehörten die »Demokratische Schulreform«, die auch in Erfurter Schulen durchgeführt wurde, und die »Bodenreform« – beides ferngesteuert und unterstützt von der Moskauer Siegermacht. Sie bildeten die entscheidenden Schritte für die spätere »Deutsche Demokratische Republik« (DDR). Die aus KPD und SPD zwangsvereinigte SED gab zuvor mehr und mehr in der Gesellschaft den Ton an, auch in der Freien Deutschen Jugend (FDJ). Als Sterzinsky von seiner nominellen Mitgliedschaft in der FDJ erfuhr – ein Mitschüler hatte die Zugehörigkeit durch einen Trick erreicht –, protestierte er emotional so erregt, dass er von der Schule verwiesen wurde. Später nahm man ihn aber wieder auf.

Da der Vater die Kosten für die Schulzeit nicht aufbringen konnte, verdiente sich Georg durch Nachhilfeunterricht dafür das nötige Kleingeld. In den Ferien arbeitete er als Gehilfe in einer Buchhandlung oder in der Ziegelei seines Vaters. Sterzinsky wusste, dass Priester Mangelware darstellten. Der Beginn des Theologiestudiums war also keine Schwierigkeit. So bewarb er sich zunächst um einen Studienplatz für Philologie, um zu beweisen, dass er auch ein anderes Fach studieren könnte. Er erhielt die Zulassung als einer von zwei unter hundert Bewerbern. Aber der angehende Student gab den Studienplatz zurück und begann in Erfurt das Theologiestudium. Freunde sahen ihn als idealen Paukertyp, akkurat bis auf jedes Komma und zielstrebig bis zum Erfolg.

Das Philosophisch-Theologische Studium Erfurt wurde 1952 unter beträchtlichen Anfangsschwierigkeiten errichtet. Maßgeblich förderte der Berliner Bischof Wilhelm Weskamm als Vorsitzender der Berliner Ordinarienkonferenz die Gründung. Gründungsrektor und erfahrener Regens war Erich Kleineidam.[15] Seine Erfahrungen in der Priesterausbildung in Breslau

---

14 Im September 1944 wurden von der Europäischen Beratenden Kommission (EAC) in London die Grenzen der drei Besatzungszonen in Deutschland während und nach dem Zweiten Weltkrieg ausgearbeitet. Später kam die französische Zone im Südwesten hinzu.
15 Erich Kleineidam (1905–2005), 1929 Priesterweihe in Breslau, 1930 Dr. phil., 1935 stellvertretender Direktor des Theologenkonvikts Breslau, 1948 Regens der Philosophisch-Theologischen Hochschule Königstein, 1952 Gründungsrektor und Regens des Philosophisch-Theologischen Studiums Erfurt.

und Königstein kamen ihm sehr zugute. Im Professorenkollegium ragten der Dogmatiker Otfried Müller und der Neutestamentler Heinz Schürmann als international anerkannte Wissenschaftler heraus. Sterzinsky empfing von ihnen Anregungen, die weit über seine Studienzeit hinaus wirkten. Besonders nachhaltig beeinflussten ihn Anregungen von Schürmann. »Nirgendwo sonst hat er ein solches Miteinander von exegetischer Methode und systematischem Denken, von kritischer Reflexion und Spiritualität gefunden.«[16] Großen Einfluss übte auch der Jesuit Karl Rahner auf ihn aus, den er zwar nie als Professor erlebt hatte, dessen zahlreiche Publikationen er jedoch sorgfältig studierte. In Sterzinskys umfangreicher Privatbibliothek dürfte kaum ein Buch dieses Jesuitentheologen fehlen. Später distanzierte er sich etwas von dem zunehmend kritischen Alterswerk Rahners und griff eher gern zu Schriften von Hans Urs von Balthasar. Unter seinen Mitstudenten galt er als Überflieger, der überdurchschnittlich viel las und dabei ein exzellentes Gedächtnis besaß.

Dr. Joseph Freusberg leitete seit 1945 als Generalvikar in Erfurt den östlich der Zonengrenze gelegenen Anteil des Bistums Fulda. 1953 wurde er Weihbischof. Zu seinem Jurisdiktionsbezirk gehörten der größere Teil des überwiegend katholischen Eichsfeldes und Gebiete Thüringens mit ihrem Diasporacharakter. Am 20. Juni 1960 empfing Sterzinsky im Erfurter Mariendom die Priesterweihe. Den letzten Fastenhirtenbrief der Berliner Ordinarienkonferenz »Der Christ in der sozialistischen Gesellschaft« hatte er noch im Priesterseminar gehört. Nun kam er als Kaplan in das komplexe Spannungsfeld einer lebendigen Gemeinde, die den Druck dieses atheistischen Staates in »den Farben der DDR« am Arbeitsplatz und in der Schule Tag für Tag auszuhalten hatte.

Er wirkte zunächst in der St. Elisabeth-Pfarrei in Eisenach. Die Gemeinde, benannt nach der Landgräfin Elisabeth, erinnert vom Namen her schon an die kirchliche Lebensfunktion der Diakonie. Durch die zahlreichen Heimatvertriebenen entstand hier nach 1945 ein neuer pastoraler Schwerpunkt. Die Nähe zur Wartburg ruft zudem Luther und die Reformation in Erinnerung. Wer in Eisenach Seelsorger wurde, kam am Thema Ökumene einfach nicht vorbei. Gleichzeitig erhellte damals unmittelbar vor dem Ökumenischen Konzil Papst Johannes XXIII. wie ein Leuchtturm die Jesus-Bitte »Lass sie eins sein!«

Im Frühjahr 1962 wurde der junge Seelsorger von Alfred Bengsch, dem Vorsitzenden der Berliner Ordinarienkonferenz, überraschend und unge-

---

[16] Juliane Bittner, in: Deus semper maior. Eine Festschrift für Georg Kardinal Sterzinsky. Berlin, 2001. S. 308 (zit. Bittner: Festschrift).

Gruppenbild nach der Priesterweihe 1960. Georg Sterzinsky dritter von links, ganz rechts sein Vater Maximilian Sterzinsky, der 1975 gestorben ist.

fragt zum Assistenten am Philosophisch-Theologischen Studium Erfurt ernannt. Gleichzeitig sollte er ein Promotionsstudium beginnen. Als Thema einigte man sich auf »Die Theologie des Episkopats in den ersten drei Jahrhunderten«. Aus verschiedenen Gründen zerschlug sich die Fertigstellung der Arbeit, zumal es den Promovenden innerlich mehr zur Pastoral als zu einer wissenschaftlichen Laufbahn lockte. Schürmann bedauerte dieses Scheitern von Sterzinskys Promotion mit den Worten: »Er ist einer der besten Fundamentaltheologen, die wir haben.«[17] Weihbischof Hugo Aufderbeck rief Sterzinsky 1964 als Vikar nach Heiligenstadt ins Zentrum des katholischen Eichsfeldes. Er kam nun in ein geschlossen katholisches Milieu mit überliefertem

---

17 Josef Pilvousek: 20 Jahre danach. Geschichte und biografische Anmerkungen zu einem kirchlichen Wandlungsprozess. Vortrag in Erfurt beim Akademischen Festakt zum 20jährigen Bischofsjubiläum von Georg Sterzinsky am 12. Oktober 2009 (zit. Pilvousek: Festakt).

Brauchtum und geprägter Frömmigkeit, wie es ihm aus Kinderjahren vertraut war. In der katholischen Enklave des Eichsfeldes hatte es die SED schwer, Fuß zu fassen. Längst nicht so viele Jugendliche wie sonst in der DDR sprachen hier »Ja, das geloben wir« bei der Jugendweihe, um sich öffentlich zu verpflichten, »für die große und edle Sache des Sozialismus zu arbeiten und zu kämpfen«. Die Männerwallfahrten zu Klüschen Hagis jeweils am Sonntag nach Christi Himmelfahrt wurden für 15 000 bis 20 000 Teilnehmer ein Glaubensbekenntnis inmitten atheistischer Umwelt. Sterzinskys Nachbarkaplan in Heiligenstadt war zu dieser Zeit übrigens Joachim Meisner, der später als Berliner Bischof sein Vorgänger werden sollte.

Pfarrer der Mammutgemeinde Jena

Nach zwei Jahren in Heiligenstadt wurde Sterzinsky 1966 die Pfarrei Johannes der Täufer in Jena anvertraut. Die damals größte Gemeinde in der DDR mit etwa 2 200 Gottesdienstbesuchern sonntags und zwei Kaplänen war für den gerade Dreißigjährigen eine pastorale Herausforderung. Wer die Jenaer Gemeinde leitete, musste stabil sein an Leib und Seele. Die traditionsreiche Friedrich-Schiller-Universität und das Carl-Zeiss-Kombinat mit ca. 60 000 Mitarbeitern, im Volksmund »VEB Pulver und Blei«, prägten das Leben der renommierten Universitätsstadt. Georg Sterzinsky war an die 15 Jahre »Vollblutpfarrer«, wie man ihn in Jena nannte. Daran erinnert sich Clemens Brodkorb:

Georg Sterzinsky kam in meinem Geburtsjahr 1966 als Pfarrer nach Jena. Meine Kindheit und Jugend war bis 1981 von ihm als Pfarrer geprägt. Wenn wir als Kinder im Religionsunterricht einen Priester am Altar zeichnen sollten, habe ich den mehr oder weniger glatzköpfigen Georg Sterzinsky mit ausgebreiteten Armen hinter dem Altar stehend, der Gemeinde zugewandt, heute würde ich sagen: mit der Gemeinde um den Altar versammelt, gemalt. Vielleicht hatte er sogar die für ihn so typische Zigarre im Mund. Das mag dafür stehen, wie ich ihn als Pfarrer in Jena in Erinnerung habe, als »Pfarrer im besten Sinne des Wortes«, wie es Bischof Wanke in seiner Predigt beim Requiem 2011 gesagt hatte, als »Seelsorger, der Menschen zu Christus führt«, der sie um seinen Altar zur gemeinsamen Feier versammelt. Sein wesentliches Anliegen, das in meiner Rückschau und heutigen Interpretation sein gesamtes Tun dominierte, war, die Grundvollzüge der Kirche auch in der Umwelt des staatlich verordneten Atheismus und der zunehmenden Gottvergessenheit zur Geltung kommen zu lassen: Was Martyria, Diakonia und Leiturgia bedeuten, haben wir schon damals als

Kinder und Jugendliche bei ihm erfahren und gelernt. Ich erinnere mich daran, dass er uns auch noch nach 1981 dazu anhielt, ihn als unseren »Pfarrer« anzusprechen, nicht als Generalvikar oder Prälat. Möglicherweise galt dies auch noch nach seinem Wechsel nach Berlin. Da bin ich mir aber nicht mehr ganz sicher.

Selbst heimatvertrieben, war er der rechte Mann zur rechten Zeit in einer mitteldeutschen, von Heimatvertriebenen geprägten Pfarrei. Als intellektueller Charakter passte er zudem ausgesprochen gut in die akademisch geprägte Gemeinde der Universitätsstadt Jena, ohne dass er seine Intellektualität vor sich her getragen hätte. Vielmehr konnten sich auch einfache Menschen bei ihm ernst genommen fühlen; das galt im Übrigen auch für uns als Kinder und Jugendliche: Jeder Einzelne wurde von ihm ernst genommen als Mensch mit seinen Anliegen, seiner Freude oder seinen Problemen. Martyria bedeutete für ihn zunächst persönliches Lebenszeugnis. Das hatte zur Folge, dass seine theologisch fundierten Predigten, aber auch der Erstbeicht- und Kommunionunterricht, den er sich in der großen Pfarrei mit damals noch mehreren Kaplänen, Seelsorgehelferinnen, Katecheten immer selbst reserviert hatte, ausgesprochen überzeugend waren. Hier konnte er in unseren jungen Biographien erste Eindrücke hinterlassen. Auch als begnadeten Prediger in der sonntäglichen Kindermesse habe ich ihn in Erinnerung. Hier konnte er fesseln, begeistern, formen. Dass er in der akademisch dominierten Gemeinde auch sonst als Prediger gut ankam, habe ich erst später mitbekommen; auch, dass der eine oder andere diesen Predigten vielleicht nicht ganz folgen konnte, ohne aber das Gefühl zu haben, nicht angesprochen zu sein.

Soweit ich das als Heranwachsender zunehmend mehr mitbekam, spielte in der Pfarrei auch seine Fähigkeit eine Rolle, dass er Mitarbeiter (Kapläne, Praktikanten, Seelsorgehelferinnen, aber auch die Apostolatshelfer/Kommunionhelfer auf den Außenstationen) ausgesprochen gut führen, begeistern und begleiten konnte. Unermüdlich war er auch in den Familienkreisen unterwegs, ob selbst referierend oder auch »nur« begleitend und zum Gespräch zur Verfügung stehend. Mehrfach habe ich schon als Kind seine Hausbesuche im elterlichen Haushalt erlebt, die stets lang nachwirkende Eindrücke hinterließen; und das nicht nur wegen des in einem Nichtraucherhaushalt noch Tage später vernehmbaren »Zigarrenduftes«. Er gab neue Motivation, Bestätigung oder Neuausrichtung des nicht einfachen Lebens als katholische Familie in der atheistisch geprägten Umwelt.

Sterzinsky war ein begeisterter und begeisternder Diasporaseelsorger, der am Sonntagmorgen persönlich mit dem Auto die Verstreuten einsammelte und zur Hl. Messe auf den Außenstationen versammelte. Zur Pfarrei Jena gehörten da-

Gruppenfoto im Altarraum der Pfarrkirche von Jena mit Pfarrer Georg Sterzinsky. Es war sein letzter Erstkommunionjahrgang vor seinem neuen Amt als Generalvikar in Erfurt.

mals mehr als 50 Ortschaften. Dass ihm dies überaus wichtig war, bekamen wir schon früh mit, wenn wir ihn als Ministranten auf die Außenstationen begleiteten. Gegenüber der atheistischen Herausforderung befähigte und ermutigte er uns schon als Kinder, Stellung zu beziehen, ohne uns aber angesichts familiärer, schulischer oder anderer kaum vermeidbarer Rücksichten unter Druck zu setzen oder in schwierige Konfliktsituationen zu bringen. Letztlich war er ein Mann der leisen Töne, ohne es aber an der notwendigen Entschiedenheit fehlen zu lassen. Seine »Ungeduld« ist schon fast sprichwörtlich geworden. Aber auch hier ging es ihm um die Sache. Im Übrigen nahm er sich stets zurück, wenn er – da war er durchaus aufmerksam – bemerkte, dass er über das Ziel hinauszuschießen drohte.

Zur Diakonia des Pfarrers Sterzinsky gehörte ein jederzeit offenes Pfarrhaus. Darin wurde er treu unterstützt von seiner langjährigen Haushälterin Frau Weber, deren Hingabe und Treue, Gastfreundschaft und Sorge wir als seine Gäste auch später in Erfurt noch immer wieder erfahren durften. Diakonia aber war auch das Aufsuchen, Nachgehen etc. bei den Hausbesuchen, bei der Begleitung von Caritashelferkreisen, in Geselligkeit bei Gemeindefesten. Auch hier war er seiner Gemeinde ein wahrer, treu sorgender Hirte. Von seiner Zeit als Pfarrer in Jena hat er später noch oft – auch als Erzbischof – mit einer gewissen Wehmut gesprochen. Die Seelsorge war seine Leidenschaft, trotz – oder gerade wegen – seiner Intellektualität. Mit Bewunderung haben wir als angehende Theologen seine Erzählung verfolgt, wie ihm etwa als Assistent am Philosophisch-Theologischen Studium auf dem Weg zur fundamentaltheologischen Dissertation zunehmend klar geworden sei, dass der eingeschlagene Weg in Richtung akademischer Karriere weg von seiner wirklichen Liebe, weg von der Seelsorge, führte und er sich deshalb in aller Konsequenz für die Seelsorge entschieden habe, indem er die schon weit vorangeschrittene Lizenziatsarbeit verbrannt und das postgraduale Aufbaustudium abgebrochen habe.

In Jena sprach Sterzinsky oft mit Stolz davon, die größte Privatbibliothek in Thüringen zu besitzen. Doch besaß er sie nicht für sich, sondern schon als Kinder, kaum des Lesens mächtig, profitierten wir von seiner Bibliophilie. Regelmäßig konnten wir – durch ihn fachkundig beraten und durch eine Vorauswahl wohl auch gelenkt und begleitet – bei ihm unsere Lektüre entleihen, darunter eben auch Titel, die in damaligen öffentlichen Bibliotheken nicht zugänglich waren. Durch die Förderung unserer Lektüre wirkte er wohl gezielt auch der Vernachlässigung fast jeder humanistischen Bildung im sozialistischen Schulsystem entgegen, wie überhaupt durch die Pflege humanistischer Interessen ein entsprechendes Desinteresse für den Arbeiter- und Bauernstaat folgte. Neben der Kinder- und Jugendlektüre habe ich bei ihm wohl auch die ersten theologischen Titel gelesen. Auf dem Weg zum Theologiestudium habe ich dann unschätzbar von seiner Belesenheit profitiert. Seine Vorliebe zu Karl Rahner SJ war für uns damals schon legendär. Heute würde ich nicht nur wegen seiner Kenntnisse und seiner Liebe zur Theologie von P. Karl Rahner sagen, dass bei ihm sicher eine ignatianische Prägung vorhanden war, die wiederum hoffentlich ein wenig auf uns abgefärbt hat. Später habe ich einige Male bei Sterzinsky Exerzitien gemacht, wobei mir das erneut deutlich wurde. Und schließlich stieß ich wieder darauf, als er sich 1989 als bischöflichen Wahlspruch das ignatianische »Deus semper maior« wählte.

Und kurz wäre noch von der Leiturgia zu reden: Gerade heute, da ich in Oberbayern in einer weitgehend katholischen Gegend lebe, wo sich die Gemein-

den noch für Volkskirche halten, aber die Liturgie oft eher oberflächlich absolviert wird, denke ich manchmal an die Zeit des Aufbruchs nach dem Zweiten Vatikanum zurück, die ich als kleiner Ministrant erleben durfte. Mit welcher Wertschätzung und Liebe unter Pfarrer Sterzinsky die neu gestaltete Liturgie gefeiert wurde, wie einerseits die neuen Möglichkeiten wahrgenommen, andererseits aber das Bewährte bewahrt und gepflegt, wie alles geprüft und das Gute behalten wurde (1 Thess 5,21). Während ich dieses so natürlich nur retrospektiv bewerten kann, habe ich aber dennoch eine lebendige Erinnerung an die allgemeine Wertschätzung und eine entsprechende Pflege der Liturgie in der Pfarrei unter der Leitung des Pfarrers. Auch als Liturge war er so ein wahrer guter Hirte, dem bewusst war, dass die »Teilnahme am eucharistischen Opfer ... Quelle und Höhepunkt des ganzen christlichen Lebens« (Lumen Gentium 11) ist. Auch hier zeigten sich wohl Sterzinskys Qualitäten als Menschenführer. Er konnte einerseits in geeigneter Weise anleiten, aber auch delegieren, loslassen, begleiten, analysieren, schlussfolgern, umsetzen. Andererseits basierte alles auf gediegener theologischer und liturgischer Bildung.

Als angehenden Theologen stand er uns in seinen Erfurter Jahren stets als geduldiger Gesprächspartner zur Verfügung. Auf langen Wanderungen im Thüringer Wald wurde debattiert über theologische Fragen im Allgemeinen und im Besonderen. Aber auch für den persönlichen Entscheidungsprozess war er ein wertvoller priesterlicher Begleiter, Beichtvater und in gewisser Weise auch schon theologischer Lehrer. In diesen Jahren durfte ich auch den Menschen Sterzinsky näher kennen lernen; seinen Sinn für Kultur haben wir an manchem Abend bei einem guten Konzert, einem Glas Wein, einem guten Buch und nicht zuletzt einer guten Zigarre erleben können. Für solche Momente hatte er sich wohl mehr Zeit im Ruhestand gewünscht. Auch als Generalvikar in Erfurt ist er ja – obwohl ein exzessiver Schreibtischarbeiter – weiter seelsorglich aktiv geblieben. Ökumene und Gemeindearbeit waren ihm wichtige Themen; auf der einen oder anderen Vortragsreise in der weitläufigen Diözese konnte ich dabei sein.

Später in Berlin bin ich ihm nur noch seltener begegnet, habe ihn wohl gelegentlich während meiner Arbeit in der Arbeitsgruppe Zeitgeschichte bei der AG Ost einige Male getroffen oder besucht. Auch an einige Treffen in Rom erinnere ich mich noch, etwa bei seiner Kardinalserhebung oder bei anderer Gelegenheit einmal in der Villa Mater Dei. Zumindest an einen Besuch in der Villa erinnere ich mich noch genau. Als mir schon im Treppenhaus der bekannte Zigarrenduft entgegenwehte, wusste ich: Er ist da.

Dr. Clemens Brodkorb

Kein Verwalter von Zahlen und Dogmen

Die traditionsreiche Universität Jena ist mit großen Namen verbunden. Die Philosophen Johann Gottlieb Fichte und Georg Wilhelm Friedrich Hegel waren hier Hochschullehrer. Matthias Claudius, Friedrich Hölderlin und viele andere studierten in Jena, aber auch Karl Marx, Roland Freisler und Robert Ley. Die heutige Friedrich-Schiller-Universität war bei der Errichtung Mitte des 16. Jahrhunderts eine Art Ersatz für die verlorene Universität Wittenberg. Die theologische Fakultät hatte daher in der nachreformatorischen Zeit einen besonderen Ruf. Der protestantische Lehrstuhlinhaber für praktische Theologie war zugleich Studentenseelsorger. Katholische Studenten schlossen sich in den katholischen Burschenschaften zusammen. Nach 1945 blieben die Verbindungen verboten. Jedoch genehmigte die sowjetische Kommandantur einen Mittagstisch für katholische Studenten. Ordensleute übernahmen zunächst die Seelsorge für die entstehende Studentengemeinde (KSG). Sehr eng war immer deren Verhältnis zur Evangelischen Studentengemeinde. Analog befruchteten sich auch die katholische und evangelische Stadtgemeinde. Ohne Ökumene war die kirchliche Situation in Jena nicht zu denken. Dritter katholischer Studentenpfarrer in Jena war Heinz Josef Durstewitz, der sich an viele Begegnungen mit Pfarrer Georg Sterzinsky erinnert:

Während Georg Sterzinsky Pfarrer in Jena war, kam ich 1975 als Studentenpfarrer nach Jena. Einer meiner Freunde meinte im Einklang mit anderen, dass es bald keine katholischen Studenten in der DDR mehr gäbe. Pfarrer Sterzinsky war aber davon überzeugt, dass es sich unter allen Umständen lohne, die Vernunft zu pflegen. »Verstehe die Studentengemeinde als Universität im Kleinen«, empfahl er mir. »Vernünftige Leute werden diese Dussel doch überstehen«, war sein Kommentar, wenn man sich über unvernünftige und willkürliche Anordnungen staatlicher Stellen aufregte. Er begleitete die Studentengemeinde aus Abstand, aber mit großem Zutrauen. Studenten konnten den »Barkas« (kostbarer Kleinbus in der DDR) für ihre Gemeinde nutzen, während Kapläne gelegentlich darum betteln mussten. Ohne Diskussionen unterstützte er die KSG, wo sie auf Hilfe der Ortsgemeinde angewiesen war, insbesondere im gemeinsam genutzten Gemeindehaus. Vorträge für die Studentengemeinde übernahm er sehr gern. Sie waren im theoretischen Bereich einfach und klar strukturiert und möglichst absolut schlüssig. Daher war er als Referent auch beliebt. Wir waren in der DDR auf »die Wahrheit« aus, nicht zuerst auf die Machbarkeit. Er konnte Karl Marx z.B. knapp vorstellen und seine Lehre skizzieren. Klar waren dann auch seine Beurteilungen. Diskussionen waren fast immer überflüssig. Ähnlich waren auch seine Diskussionsbeiträge in anderen Bereichen, ähnlich auch seine Predigten. Es waren schlüssige Lehrstücke. Gerade sein riesiges Vertrauen auf die Vernunft machte das Gespräch schwierig. Über Ordnungen musste man nicht reden. Wenn sie gut waren, würden sie sich selber empfehlen. Mit seiner Eindeutigkeit entstand Abstand. »Pfarrer Sterzinsky ist der Prototyp eines Kühlschrankes.« Er wirkte distanziert und distanzierend. Aber wenn eine Frage kam, bohrte er nach, neugierig wirkend, wie ein Kind. Eine Rück- oder Gegenfrage hob alle Distanz auf. Er brachte die Leute zum Reden. Dann wurde es um ihn warm. Seine Überlegenheit ließ er genüsslich dahin schmelzen. Im Vortrag über Marx fiel die Bemerkung von Martin Buber, dass Marx ein Dilettant gewesen sei in Sachen Menschenkenntnis. Das berührte dann das tiefe Interesse von Georg Sterzinsky, die »existenzielle Wahrheit«. Wenn es nach Mitternacht an meinem Fenster klopfte, wusste ich, dass es Georg war. Er mache gerade einen Spaziergang und habe zufällig gesehen, dass es bei mir noch hell sei. Diese Stunden begannen formal: Hast Du diesen oder jenen Aufsatz von Rahner schon gelesen? Über den Inhalt kamen wir dann zu konkreten Situationen, auch zu persönlichen Feststellungen und Lebenskonsequenzen. Die Wahrheit des Evangeliums hatte sich am Menschen zu erweisen wie auch alle andere Wahrheit, etwa die des Marxismus. Aber auch ein Feldgieker – eine sehr geschätzte Eichsfelder Wurst – war eine lebenstaugliche Wahrheit. Es ergab sich, dass ich hier und da, auch in wichtigen Angelegenheiten, anderer Meinung war als er. Wer Georg Sterzinsky dann mit einem »vernünftigen« Satz begegnete, konnte erfahren, dass er ihn einfach akzeptierte, ohne Rückfrage und Diskussion und auf dieser Grundlage auch Entscheidungen fällte. Er hatte ein ungewöhnlich riesiges Vertrauen zu seinen Gesprächspartnern und Mitarbeitern. Später hatte ich das »Theologische Bulletin« zu verantworten, ein Heft mit vielfältigen Aufsätzen aus verschiedenen Bereichen, das in der DDR fünf Mal im Jahr erschien. Während andere Kollegen Einfluss zu ihren Gunsten zu nehmen versuchten, freute sich Georg Sterzinsky an der Vielfalt der Denkmöglichkeiten. War »Sterz« ein sehr kluger Lehrer oder ein neugieriges Kind? Diese Frage wurde in der Studentengemeinde zwar immer gestellt, aber nie endgültig beantwortet. Das eine verlangte Respekt ab, das andere so etwas wie Liebe, zumindest Verehrung. Georg Sterzinsky war für die Studenten nur im Bezug zu Menschen zu verstehen. »Stell dir vor, ein Kind hat heute in der Straßenbahn Opa zu mir gesagt!« Damit änderte sich das Beziehungsverhältnis zu den Menschen. Für ihn sind Menschen noch nach 40 Jahren lebendige, einmalige Personen mit Namen und Geschichte gewesen. So ist auch er nicht als Amtsträger im Gedächtnis hängen geblieben, als Verwalter von Zahlen und Dogmen, sondern als ein Seelsorger mit Herz und Geist, beides ungewöhnlich reich entwickelt. In der Seelsorge regierte das Herz. Der Vernunft traute er zu, dass sie sich allein durchsetzen würde. Vielleicht war dies sein Fehler. Und dennoch ist er vielen und auch mir, ich denke auch in unserer Kirche und Gesellschaft, ein erstrebenswertes Lebensmuster.

Heinz Josef Durstewitz

Als GV nicht nur hinter dem Schreibtisch

Offener Konfrontation mit der Staatsmacht ging Sterzinsky aus dem Wege. Aber sie versuchte ihn zu ködern. Er sollte in den Christlichen Kreisen der »Nationalen Front« mitarbeiten.»Frauen werden auf ihn angesetzt, sollten ihn erpressbar machen, Alkohol gefügig.«[18] Ende 1980 erreicht Sterzinsky die Frage von Bischof Wanke, ob er das Amt eines Generalvikars (GV) übernehmen wolle. Eigentlich glaubte er, in Jena als Seelsorger seine Lebensaufgabe gefunden zu haben. Nach Gebet und Reflexion gab er Bischof Wanke[19] sein Ja. Mit dem neuen Amt als Generalvikar war Erfurt sein neuer Lebensmittelpunkt. Zum Bischöflichen Gebiet Erfurt gehörten im Jahre 1980 insgesamt 271 Pfarreien, Kuratien und Seelsorgestellen mit 271 Priestern einschließlich der Pensionäre. Größere Mittelpunktpfarreien außerhalb des Eichsfeldes waren Gemeinden in Jena, Eisenach, Weimar, Mühlhausen und Nordhausen. Das Eichsfeld blieb wegen seiner jahrhundertelangen Insellage als Teil des Erzbistums Mainz auch nach der Reformation fast ausschließlich katholisch. Die SED versuchte ideologische Einbruchsversuche, aber aufs Ganze erfolglos. Zum Alltag des Generalvikars gehörten Besprechungen und Konferenzen, Einzelgespräche und Aktenstudium. Das alles war aber Sterzinsky nicht genug. Er besuchte einzelne Gemeinden und übernahm Vertretungen. Im Rahmen der neuen Möglichkeiten blieb er Seelsorger.

Er wollte lebendige Gemeindenähe, nicht nur trockenes Aktenstudium. Dabei war er keineswegs in jedem Augenblick die Sanftmut in Person. Mancher ging mit einer gewissen Ängstlichkeit zu ihm in ein Gespräch, aus Sorge vor einer möglichen cholerischen Explosion. Gesprächspartner waren mitunter überrascht, wie heftig er aus der Haut fahren konnte, wenn sein Gedulds-

---

18 Bittner: Festschrift. S. 311.
19 Joachim Wanke (1941 in Breslau geb.), 1966 Priesterweihe in Erfurt, 1980 Prof. für Neues Testament, Weihbischof, 1994 Bischof von Erfurt, 1998 – 2010 Vorsitzender der Pastoralkommission der Deutschen Bischofskonferenz, 2012 Rücktritt aus Gesundheitsgründen.

Die traditionelle Palmsonntagsprozession in Heiligenstadt behielt auch zu DDR-Zeiten ihre feste Tradition. Der Kurs des X. Parteitages der SED störte kaum. Auch Bischof Joachim Wanke nahm daran teil. Links von ihm Generalvikar Georg Sterzinsky; rechts Propst Paul Julius Kockelmann.

faden gerissen war oder wenn er in wichtigen Dingen glaubte, seine Meinung unbedingt durchsetzen zu müssen.

Ausreisewillige DDR-Bürger, die vergeblich Anträge gestellt hatten, suchten nach Alternativen. Sie besetzten Botschaften der Bundesrepublik, die Ständige Vertretung in Ostberlin, die St. Hedwigs-Kathedrale in Ostberlin und u. a. die evangelische Kirche in Eisfeld im Kreis Hildburghausen. Nach Verhandlungen, in die sich Rechtsanwalt Wolfgang Vogel einschaltete, wurden zumeist nach einiger Zeit positive Lösungen erreicht. Bei der Besetzung der Sakristei der Herderkirche in Schmalkalden ließ der evangelische Superintendent allerdings fünf Ausreisewillige am 4. Dezember 1988 von der Polizei abführen.

Weniger bekannt ist dagegen der Fall des »besetzten« Erfurter Domes. Am Sonntag, den 5. Juni 1988, versammelten sich nach der letzten Vormittagsmesse 21 Katholiken und Protestanten aus Sömmerda, darunter sieben Kinder, und erklärten den Dom für besetzt. Die Ausreisewilligen hatten seit Jahren abschlägige Antworten auf ihre Ausreiseanträge erhalten. Bischof Wanke befand sich auf dem Weg zu einer Konferenz in Ostberlin. Der Dompfarrer Weihbischof Koch befand sich für eine Woche zu Firmungen im Eichsfeld. Daher informierte der Küster persönlich Generalvikar Sterzinsky. Der »war nicht begeistert, aber sagte ja. Wir sollten uns im Kirchengestühl aufhalten. Am Abend wurde ein Schild an die Domtür gehängt: Aus technischen Gründen geschlossen.«[20] Die Zeit drängte; denn schon am Mittwoch sollte in Erfurt der Evangelische Kirchentag beginnen. Für den Sonntag waren Dom und Domberg für die Abschlussveranstaltung vorgesehen.

Der Vorfall wurde in Absprache mit staatlichen Stellen unterhalb der Schwelle der Öffentlichkeit gehalten. Den polizeilichen Räumungsvorschlag der Stasi lehnte Generalvikar Sterzinsky ab. Es wurden Liegen und Decken aus dem Seminar zur Verfügung gestellt. Die Caritas sorgte für Verpflegung. Die Verhandlungen mit den »Besetzern« führte der Vertreter des Rates des Bezirkes, Abteilung Inneres. Auch der Ostberliner Rechtsanwalt Vogel war als Honeckers Vertrauensmann eingeschaltet. »Von der Besetzung ist nichts nach außen gedrungen. Vor Beginn des Evangelischen Kirchentages wurde dann die Ausreisegenehmigung erteilt.«[21] Im Beisein von Generalvikar Sterzinsky erhielten die »Besetzer« die Zusicherung, innerhalb von zehn bis dreißig Tagen ausreisen zu können. Bedingung war allerdings: Keine Öffentlichkeit! Die Bedingungen wurden von allen Seiten eingehalten.

Vier Wochen später hatte sich eine junge Sportlehrerin aus Weimar auf dem Dach des Hohen Chores des Erfurter Domes festgesetzt und die Ausreise gefordert. Die Feuerwehr rückte mit mehreren Löschzügen an und spannte ein Sprungtuch auf. Es begann der übliche Verhandlungsmarathon. Auch dabei hat Generalvikar Sterzinsky die offiziellen Verhandlungen mit dem Rat der Stadt und dem Rat des Bezirkes geführt. Die Sportlehrerin konnte schließlich nach dem Westen ausreisen.

---

20 Rainer Römhild: Interview Thüringer Allgemeine, vom 8. August 2011.
21 Information von Hans-Reinhard Koch, Weihbischof em. Erfurt, vom 8. Mai 2014.

Ordnung muss sein

1988 feierten die Heiligenstädter Schulschwestern ihr 125-jähriges Bestehen in Deutschland. Viele Gäste, festliche Stimmung in der Martinskirche. Den Festvortrag hielt Generalvikar Georg Sterzinsky. Das Thema: Die Haltung der preußischen Könige zur katholischen Kirche. Viele Fakten sind bestens vorbereitet. Der Text muss teilweise vorgelesen werden. Da entdeckt der Referent ein fehlendes Komma, greift in die Innentasche seines Jacketts, holt seinen Kugelschreiber heraus, fährt die Mine dabei weitersprechend heraus, verbessert den Fehler. Er spricht ungerührt weiter. Kaum einer merkt's. Er schiebt die Mine zurück und den Kuli in die Tasche, liest den Text weiter. Viel Aufwand für ein Komma? Keineswegs. Ordnung muss sein.

Diese Präzision war in seiner Amtszeit überall zu spüren. Als bei der Versetzungskonferenz erörtert wurde, wie das Eichsfelddorf Steinbach mit immerhin 600 Einwohnern besetzt werden sollte, da korrigiert der Generalvikar ungerührt, eher beiläufig: es sind 483.

Bei einer Visitation im Sperrgebiet antwortete Pfarrer Udo Montag auf die Frage, ob die Kirchenbücher gut verschlossen aufbewahrt würden: »Die ganze Gegend ist gut abgeschlossen.« Der Visitator konnte sich nicht verkneifen, diese Antwort zu Protokoll zu geben. Visitationsberichte wurden bei uns erfahrungsgemäß erst nach geraumer Zeit beachtet. Sterzinsky als Generalvikar zeigte aber umgehend seine Freude über diese Formulierung.

So exakt er im Detail war, so energisch und entschlussfreudig war er dann aber auch bei wichtigen Anlässen. Wenn die Ratssitzung Entscheidungen aufschieben wollte, drängte er auf umgehende Entscheidungen, wohl wissend, dass sonst die Diskussion wieder von vorn beginnen würde.

Paul Julius Kockelmann

Zum Bischof von Berlin ernannt

Im Frühjahr 1989, während der monatelangen Sedisvakanz des Berliner Bischofsstuhles, drehte sich heftig das Karussell der Spekulation. Verschiedene Namen gingen durch die Presse, wer neuer Bischof von Berlin werden soll. Die »Berliner Morgenpost« wusste sogar am 19. März als »in hohem Grade wahrscheinlich« zu berichten, dass der polnische Bischof von Oppeln, Dr. Alfons Nossol, nach Berlin komme. Der Papst aus Polen wolle damit »die Internationalität der Kirche unterstreichen, ebenso die Zusammengehörigkeit und Grenzenlosigkeit der europäischen Kulturen«. Nossol spreche als geborener Oberschlesier fließend Deutsch und habe auch eine deutsche Schule besucht. Nach der Entscheidung von Johannes Paul II., den Kardinal Meisner von Ostberlin nach Köln zu transferieren, schien die Parallele Oppeln – Berlin nicht ganz von der Hand zu weisen. Wenn ein »Ossi« nach Köln komme, warum dann nicht ein Oberschlesier aus Oppeln nach Berlin? Staatsgrenzen waren offenbar für diesen Papst aus Polen kein Hindernis.

Es kam anders. Am 24. Juni 1989 ernannte der Papst Georg Sterzinsky zum neuen Bischof von Berlin. Die Mitglieder des Domkapitels bei St. Hedwig hatten den Erfurter Generalvikar aus dem vatikanischen Dreiervorschlag gewählt. Sterzinsky wurde das »schwierigste Bistum der Welt« anvertraut, wie der Papst einmal die in zwei unterschiedlichen Gesellschaftssystemen lebende Berliner Ortskirche nannte. Das hatte einen kirchenpolitischen Hintergrund. Der neue Bischof, der einen DDR-Pass besaß, sollte auf der Grundlage der mit Ostberlin vereinbarten Regelung wie sein Vorgänger Meisner monatlich an vier Tagen auch in Berlin (West) tätig sein können. Später wurde die Besuchserlaubnis auf zehn Tage erweitert.

Es war der letzte Sommer der DDR. Das SED-System stand unter enormem politischen Druck. Am 27. Juni 1989 zerschnitten der ungarische und österreichische Außenminister medienwirksam den Stacheldraht des Eisernen Vorhangs. Die Außengrenze des Warschauer Paktes war undicht geworden. Die Botschaften der Bundesrepublik in Budapest und Prag füllten sich täglich mit ausreisewilligen DDR-Bürgern. Außenminister Hans-Dietrich Genscher konnte am 30. September 1989 nach langwierigen Verhandlungen den fast 4 000 Flüchtlingen in der überfüllten Prager Botschaft mitteilen, dass sie ausreisen könnten. Allerdings führten die Eisenbahnzüge noch einmal durch das Territorium der DDR in die Bundesrepublik. Die Öffentlichkeit in West und Ost verfolgte gebannt die Filmberichte von winkenden, befreit lachenden Menschen, denen Honecker »keine Träne nachweinen« wollte, wie er verlauten ließ. Das Westfernsehen war für die meisten DDR-Bürger das tägliche Schaufenster in den Westen. Der Bildschirm war das elektronische Einfallstor in die DDR, durch das die Menschen jenseits des Brandenburger Tores erfahren konnten, wie sich die Spannungen im eigenen Land verschärften.

Gleichzeitig strömten immer mehr DDR-Bürger, die teilweise zuvor kaum eine evangelische oder katholische Kirche von innen gesehen hatten, zu den wöchentlichen Friedensgebeten. Besonders die Räume der evangelischen Kirchen wurden dabei zum Forum, auf dem die Respektierung der Menschenrechte eingefordert wurde. Nach der KSZE-Schlussakte von Helsinki konnten DDR-Bürger Anträge zur Ausreise in den Westen stellen. Wer es tat, musste allerdings von den DDR-Behörden zumeist schikanöse Reaktionen erdulden bis hin zum Verlust des Arbeitsplatzes. Diese Gruppe der Antragsteller vergrößerte das Protestpotential bei den Friedensgebeten erheblich. Handgreifliche Zusammenstöße mit Stasi-Mitarbeitern vor der Leipziger Nikolaikirche wurden von Westjournalisten gefilmt, in den Westmedien ausgestrahlt und gelangten so über die Funkbrücke in die DDR zurück. Die Öffentlichkeit verfolgte gebannt den aufregenden Prozess der Selbstbefreiung der Bürger vom sozialistischen Staat. Der 9. Oktober wurde zum Durchbruch für die friedliche Revolution.

Am 4. und 5. September trat die Berliner Bischofskonferenz im thüringischen Friedrichroda zusammen. Auch der bereits ernannte, aber noch nicht geweihte Bischof von Berlin, Georg Sterzinsky, war anwesend. Man überlegte, die Betrugsvorwürfe bei den DDR-Kommunalwahlen in einer besonderen Erklärung aufzugreifen. Aber war eine Stellungnahme klug, nachdem der bisherige Konferenzvorsitzende Meisner nach Köln transferiert worden war? Sterzinsky vertrat später die Auffassung: »Ich bin überzeugt, wir hätten mehr Flagge zeigen müssen. Also entschied man sich, trotz aller Bedenken, den Appellen der Ratgeber zu folgen: ›Nein, das ist zu gefährlich, das schlägt zurück und wir bringen unsere Katholiken in Gefahren.‹ Wir stellten die Kirche nicht für politische Demonstrationen zur Verfügung. Wir ermunterten die Katholiken nicht mitzumachen, das ist alles zu riskant.«[22] Die Behauptung, die evangelische Kirche in der DDR sei damals mutiger gewesen, konterte Sterzinsky später mit dem Hinweis, dass manche Äußerungen evangelischer Synoden zuvor regelrechte Bekenntnisse zum Sozialismus gewesen seien. Der Verzicht auf eine derartige politische Öffnung habe Katholiken vor Kollaboration und Kooperation bewahrt.

---

22 Pilvousek: Festakt.

Die weiteste Anreise zur Teilnahme an der Bischofsweihe von Georg Sterzinsky hatte sein Onkel Georg Heinemann aus Argentinien. Der Geistliche, ein Bruder der Mutter, war vor Kriegsausbruch vom Ermland als Seelsorger nach Argentinien ausgereist. Sterzinskys privater Gegenbesuch in Argentinien erfolgte später.

Am 9. September 1989 wurde Georg Sterzinsky in der überfüllten St. Hedwigs-Kathedrale von Bischof Dr. Joachim Wanke aus Erfurt zum Bischof geweiht. Die Berliner Bischofskonferenz war vollzählig versammelt. Auch zahlreiche Priester und Laien aus West-Berlin reisten mit dem benötigten Tagespassierschein über die Sektorenübergangsstellen zur Bischofskirche. Unter den Gästen aus der Familie Sterzinsky saß auch sein geistlicher Onkel Georg Heinemann aus Argentinien. Der neue Berliner Oberhirte kam mit dem Vorsatz: »Ich will als Anfänger nichts ändern, sondern alles so weitermachen wie mein Vorgänger das gemacht hat oder die Vorgänger. Die werden schon gewusst haben, was richtig ist.«[23] Das galt vornehmlich für den kirchenpoliti-

---

23 Sterzinsky im Gespräch, S. 27.

schen Kurs im Konfliktfeld Staat – Kirche, aber auch für die Grundlinien der Pastoral im zerrissenen Bistum. Allerdings hat Sterzinsky später eingeräumt: »Wir sind manche Wege, die Irrwege waren, nicht mitgegangen. Aber wir haben auch manches nicht getan, wo wir an dem System hätten rütteln müssen.« Dabei dachte er sicher auch an die langjährige Devise der »politischen Abstinenz« der Bischöfe und an die umstrittene evangelische Formel »Kirche im Sozialismus«.[24] Alfred Kardinal Bengsch hat mit dem kirchenpolitischen Grundsatz der »politischen Abstinenz« wesentlich dazu beigetragen, die Einheit des Bistums Berlin zu erhalten. Er wollte eine optimale, möglichst geräuschlose Ausschöpfung der in der DDR-Verfassung garantierten Rechte für den Raum der Seelsorge und des Caritasdienstes an den Menschen, unabhängig von Konfession und Weltanschauung, und außerdem strikte Beachtung der Trennung von Staat und Kirche.

Auf dem Weg zur Wende

In der Messestadt Leipzig und anderen DDR-Städten formierten sich indessen an den Montagabenden immer größere Demonstrationszüge. Die Sprechchöre »Wir sind das Volk« und die Transparente »Keine Gewalt« waren Ausdruck eines neuen Selbstbewusstseins der DDR-Bevölkerung. Die Ideen Gorbatschows von Perestroika und Glasnost setzten neue politische Maßstäbe. Lautstarke Rufe »Gorbi, Gorbi« und »Gorbi hilf« waren zu hören. Sie zeigten, wer die messianische Lichtgestalt war. Viele wollten nicht mehr unter ideologischem Diktat mit der Schranke im Kopf leben.

Im Palast der Republik inszenierte indessen Honecker am 7. Oktober vor Gorbatschow und internationalen Gästen das pathosbeladene Festtagsprogramm zum »40. Geburtstag der DDR«. Der drohende Zusammenbruch des SED-Systems lag wie ein dunkler Schatten über dem Staatsakt. Aber Honecker wollte ihn noch immer nicht wahrhaben. Als Vertreter der Berliner Bischofskonferenz (BBK) saß auch Weihbischof Wolfgang Weider an einem Tisch und musste sich mit Anstand langweilen. Die evangelische Kirche war schon überhaupt nicht mehr vertreten. Draußen vor dem »Palazzo di Protzo«, abgeschirmt von den hochrangigen Gästen, versammelten sich Tausende Demonstranten. Aus Angst vor einem neuen »17. Juni« setzte der Stasichef Mielke auf die bewährte Gewaltmethode. Hundertschaften der Volkspolizei wurden eingesetzt, um die protestierenden Massen zu zerstreuen. Es

---

24 Pilvousek: Festakt.

kam zu blutigen Zusammenstößen. In der DDR akkreditierte Westjournalisten sorgten für die Verbreitung der Bilder in den Medien.

Der neue Berliner Bischof hatte aus guten Gründen von einer Teilnahme an den Jubelfeierlichkeiten Abstand genommen. Wie aus dem Amtsblatt des Bischöflichen Ordinariates hervorgeht, spendete er an diesem Tag in der vorpommerschen Kleinstadt Altentreptow zehn Jugendlichen das Sakrament der Firmung. Die dortige Kirche Heilig Kreuz ist ein Geschenk der Weltausstellung in Düsseldorf 1928. Die kleine Diasporagemeinde wuchs im Jahre 1945 erheblich durch zahlreiche katholische Flüchtlinge aus dem Kreis Deutsch Krone. Sterzinsky, der im Bernhard-Lichtenberg-Haus nur wenige hundert Meter vom Zentrum der dramatischen Vorgänge entfernt wohnte, erfuhr von den Geschehnissen in seiner Nähe zunächst über die Westmedien. Sein Weihbischof berichtete ihm nachträglich als Augenzeuge vom Ablauf des Staatsaktes im Palast der Republik.

In diesen Tagen, in denen sich die politischen Ereignisse überschlugen, versuchte der Bischof, nach Möglichkeit einen kontinuierlichen Überblick über die tägliche Nachrichtenlage zu gewinnen. Dazu halfen ihm außer mündlichen Berichten nicht nur die Tagesschau und die Heute-Nachrichten von ARD und ZDF, sondern auch die Aktuelle Kamera aus Adlershof mit ihren SED-gesteuerten Propagandaversionen. Oft verschwieg das DDR-Fernsehen einfach die unangenehmen Ereignisse. Mehrfach suchten westliche Politiker den Berliner Bischof auf und fragten ihn nach seinem Urteil. Die Treffen fanden zumeist in der Winklerstraße in Berlin-Grunewald statt. In dieser Wohnung hatten schon die Kardinäle Bengsch und Meisner an ihren Besuchstagen in West-Berlin z. B. Besucher abseits der Presseöffentlichkeit empfangen, wie Bundeskanzler Helmut Schmidt (SPD). Auch Kanzleramtsminister Rudolf Seiters (CDU) und die Bundesministerin für innerdeutsche Beziehungen, Dorothee Wilms (CDU), wussten Sterzinskys Einschätzung der gesellschaftspolitischen Entwicklung zu schätzen. Denn er war einer der wenigen in der zerrissenen Stadt, die über Ost und West gleichermaßen informiert waren und ein von der offiziellen Doktrin ungefärbtes, abgewogenes Urteil besaßen. Außerdem hatte er Einblick in den Diskussionsstand und das politische Kräfteverhältnis bei vielen Runden Tischen, die überall in der ehemaligen DDR tätig waren, besonders im Zentralen Runden Tisch[25].

---

25 Der Zentrale Runde Tisch trat am 7. Dezember 1989 zum ersten Mal zusammen und beeinflusste bis zur Volkskammerwahl im März 1990 stark die Arbeit der Regierung Modrow. Zu den Moderatoren gehörte auch Msgr. Dr. Karl-Heinz Ducke, den Sterzinsky aus seiner Erfurter Zeit gut kannte.

Am Abend des 9. Oktober zogen nach dem Friedensgebet in der Nikolaikirche rund 70 000 Bürger durch die Innenstadt von Leipzig. Mit der »Internationalen« auf den Lippen und mit Kerzen in der Hand rechneten sie mit dem Schlimmsten. Die Leipziger Volkszeitung hatte zwei Tage zuvor den drohenden Brief eines Kampfgruppenkommandeurs veröffentlicht, in dem es hieß: »Wir sind bereit und willens, das von uns mit unserer Hände Arbeit Geschaffene wirksam zu schützen, um diese konterrevolutionären Aktionen endgültig und wirksam zu unterbinden.« Besonnene Kräfte, darunter drei SED-Bezirkssekretäre und der Dirigent Kurt Masur, gewannen die Oberhand. Die befürchtete »chinesische Lösung« blieb aus. Am 4. Juni 1989 waren in Peking zahllose protestierende Studenten auf dem Platz des Himmlischen Friedens von Panzern gnadenlos überrollt worden. SED-Politbüromitglied Egon Krenz hatte diese gewaltsame Reaktion noch öffentlich begrüßt. Die Drohkulisse der staatlichen Organe am Straßenrand und in den Seitenstraßen des Leipziger Ringes konnte jetzt den Freiheitswillen nicht mehr ersticken. Rufe wie »Jetzt oder nie – Demokratie« waren Ausdruck des Volkswillens. Die Spitzenpolitiker der SED mussten zur Kenntnis nehmen, dass sich der weltpolitische Wind gedreht hatte. Aus Moskau war keine brüderliche Hilfe in Gestalt von Panzern mehr zu erwarten wie am 17. Juni 1953. Der 9. Oktober 1989 wurde so zum Schlüsseldatum der Freiheitsbewegung der damaligen DDR. Am 18. Oktober wurde Honecker entmachtet. Am 7. November trat der DDR-Ministerrat zurück, einen Tag später das gesamte SED-Politbüro.

In dieser heißen Phase des zusammenbrechenden »Ersten Arbeiter- und Bauernstaats auf deutschem Boden« wurde Sterzinsky am 7. November 1989 zusätzlich zu seinem Berliner Bischofsamt zum Vorsitzenden der BBK gewählt. Abgesehen von den Jahren 1980 – 1982, in denen der Dresdner Bischof Gerhard Schaffran den Vorsitz führte, war dieses Amt stets mit dem jeweiligen Berliner Bischof verbunden. Die Viersektorenstadt Berlin wurde bald nach Kriegsende zur kirchlichen Schaltstelle, an der Kardinal Preysing und Weihbischof Wienken saßen. Der spätere Meißener Bischof Wienken war zunächst Vertreter der Fuldaer Bischofskonferenz beim Alliierten Kontrollrat und bis 1951 bei der DDR-Regierung.

Am 29. Juli 1950, als sich die internationale Lage durch den Korea-Krieg erheblich verschärft hatte, sah sich Papst Pius XII. veranlasst, eine regionale Bischofskonferenz einzurichten. Dahinter stand die Sorge »um die kirchliche Entwicklung der deutschen Ostzone«. Den Vorsitz solle Kardinal Preysing innehaben. Es gelang so, in pastoralen und kirchenpolitischen Fragen stets mit einer Stimme zu sprechen. Großes Echo in der Öffentlichkeit fand u. a. das gemeinsame Hirtenwort der BBK gegen das staatliche Erziehungsmonopol vom 17. November 1974, über die christliche Ehe in unserer Zeit vom 7. Dezember 1976 oder über das Ja zum ungeborenen Leben vom 21. Februar 1988. 1976 wurde diese regionale Bischofskonferenz vom Vatikan in die Berliner Bischofskonferenz umgewandelt.

In der kurzen Zeit des Sterzinsky-Vorsitzes standen auf der Agenda der BBK Themen, die vom Prozess der Wende diktiert waren. Silvester 1989 wurde auf allen Kanzeln Berlins und Mitteldeutschlands der gemeinsame Hirtenbrief verlesen zum Thema »Der Wandel in Staat und Gesellschaft und unser kirchlicher Auftrag«. Am 24. November 1990, also kurz nach der Wiedervereinigung, erfolgte der Beitritt der BBK zur Deutschen Bischofskonferenz (DBK). Innerhalb der DBK wurde am 3. Dezember 1990 die »Arbeitsgemeinschaft der Bischöfe der Deutschen Bischofskonferenz-Region Ost« gegründet, die sich aus den Bischöfen der ehemaligen BBK zusammensetzte. Es war ihr Ziel, sich gemeinsam den neuen pastoralen Fragen zu stellen sowie die pastorale Verantwortung gemeinsam zu tragen. Mit dem Mauerfall und dem Beitritt zur Bundesrepublik hatte sich auch für die Pastoral ein Zeitfenster geöffnet, das es zu nutzen galt. Es ging u. a. um die Einführung des Religionsunterrichtes in jenen Schulen, deren Lehrpläne bisher ganz vom Sozialismus diktiert waren, und um Fragen der Krankenhausseelsorge, der Gefängnisseelsorge, der Militärseelsorge und nicht zuletzt um Finanzierungs- und Baufragen.

Am Abend des Mauerfalles am 9. November 1989 befand sich Bischof Sterzinsky zu einem fünftägigen Besuch im Vatikan, um Papst Johannes Paul II. den fälligen Antrittsbesuch zu machen. Der eigentliche, vor der Presse geheim gehaltene Grund war jedoch die Vorbereitung der vom Papst gewünschten Besuchsreise in die DDR. Daher befand sich auch der Generalsekretär der BBK, Josef Michelfeit, in der Begleitung. Als Sterzinsky von der Oberin im Schwesternhaus hörte, dass im Radio über die Öffnung der Berliner Mauer berichtet wurde, hielt er das für kolportierten Unsinn. Der Mauerfall lag für ihn, wie wohl für jeden damals, abseits jeder Vorstellungskraft. Schließlich war die Mauer ein Stück Garantie der Existenz der DDR. Erst am nächsten Morgen bestätigten römische Zeitungen die Sensationsnachricht. Noch von Rom aus rief Sterzinsky seinen Generalvikar in Ostberlin an, das Hochamt am 12. November als Dankgottesdienst in der Kathedrale zu gestalten. Die Papstaudienz wurde terminlich vorgezogen, um möglichst schnell nach Berlin zu kommen. Der festliche Pontifikalgottesdienst war kaum besser besucht als an jedem gewöhnlichen Sonntag. Das lag daran, dass bei dem kurzfristigen Termin fast nur durch Mundpropaganda eingeladen werden konnte und das Telefonnetz zwischen Ost und West noch zerrissen war. Der

Apostolische Nuntius aus Bonn, Erzbischof Josip Uhac, war zwar nach Ostberlin gereist, wagte aber aus diplomatischen Gründen nicht, öffentlich bei diesem Festgottesdienst in der Kathedrale aufzutreten. Sterzinsky bedauerte diese Zurückhaltung des päpstlichen Diplomaten und sparte im vertrauten Kreis nicht mit kritischen Bemerkungen. Der Dank des Berliner Bistums für den unerwarteten Fall der unseligen Mauer fand dennoch in einem machtvollen Te Deum seinen Ausdruck.

Im Vorfeld der ersten freien Volkskammerwahl der DDR suchte Bundeskanzler Helmut Kohl (CDU) mehrfach den Kontakt zu Bischof Sterzinsky. Kohl ging es um die bevorstehenden ersten freien Wahlen für die Volkskammer am 18. März 1990. 12,4 Millionen DDR-Bürger durften aus 19 Parteien und fünf Listenverbindungen frei wählen. Die Meinungsumfragen sagten einen klaren SPD-Sieg voraus. Willy Brandt und Oskar Lafontaine ernteten auf SPD-Versammlungen in der DDR überall großen Beifall. Kohl versuchte, die nichtsozialistischen Kräfte der politischen Mitte zu bündeln. Unter dem Motto »Freiheit und Wohlstand – Nie wieder Sozialismus« wurde das Wahlbündnis »Allianz für Deutschland« (AfD) ins Leben gerufen. Darin waren die Ost-CDU, der »Demokratische Aufbruch« und die »Deutsche Soziale Union« zusammengeschlossen. Kohl lehnte zunächst die Einbindung der Ost-CDU ab, weil sie sich durch ihre SED-freundliche Rolle als Blockflötenpartei zu stark kompromittiert habe. Sterzinsky wusste aus seinen Erfahrungen in Eisenach, dem Eichsfeld und in Jena, dass sich in der Ost-CDU auch viele DDR-Bürger versammelten, die eigentlich nur dem SED-Druck aus dem Wege gehen und »gesellschaftliche Aktivität« vorzeigen wollten. Der größere Teil der Mitglieder sei keineswegs mit den relativ wenigen SED-freundlichen Spitzenfunktionären der Ost-CDU identisch. Er plädierte deshalb nachdrücklich dafür, auch die CDU mit ins Boot des AfD-Wahlbündnisses zu holen. Andernfalls würde Kohl die Volkskammerwahl mit Sicherheit verlieren. Der Kanzler ließ sich nach längerem Hin und Her überzeugen.[26] Bei 93,4 Prozent Wahlbeteiligung erhielt das Wahlbündnis »Allianz für Deutschland« 48 Prozent der Stimmen. Davon entfielen auf die Ost-CDU allein 40,8 Prozent. Die Volkskammer wählte am 12. April 1990 den CDU-Parteivorsitzenden Lothar de Maizière zum ersten Ministerpräsidenten der DDR nach der SED-Herrschaft. Nach der Wende am 4. August 1990, fusionierten die Mitglieder der »Allianz für Deutschland« mit der CDU der Bundesrepublik. Inzwischen war der deutschen Öffentlichkeit bekannt geworden, wie stark das

---

26 Information des damaligen Bischöflichen Sekretärs Pfarrer Michael Theuerl.

Ministerium für Staatssicherheit (MfS) die kritischen Kräfte in der DDR durch eingeschleuste Spitzel unterwandert hatte. Das galt für Einzelpersonen der AfD ebenso wie in der wieder gegründeten SPD.

Gott ist immer größer

Der Wahlspruch eines Bischofs ist immer ein Stück Selbstaussage. In ihr spiegeln sich seine Grundhaltung und seine Grundanliegen. Oft werden biblische Kurzzitate dafür verwendet wie bei Bischof Konrad von Preysing, der seinen Sendungsauftrag mit dem Wort des Fischers Petrus ausdrückte »Auf Dein Wort hin (will ich die Netze auswerfen« Lk 5,5). Sein Nachfolger, Bischof Weskamm, übernahm für sein Bischofsamt in der Diaspora das Pauluswort »Den Leib Christi auferbauen« (Eph 4,12). Julius Döpfner gab seinem

Kardinalswappen von Georg Sterzinsky. In der Mitte erinnert das Lamm an Johannes den Täufer, den Schutzpatron des Ermlandes. Die vier großen Wappenfelder weisen hin auf die vier mittelalterlichen Bistümer Havelberg, Brandenburg, Lebus und Cammin. Darunter der bischöfliche Wahlspruch des achten Berliner Bischofs.

Verkündigungsauftrag die Priorität und identifizierte sich mit dem Völkerapostel Paulus »Wir aber predigen Christus als den Gekreuzigten« (1 Kor 1,23). Georg Sterzinsky wählte die Aussage »Gott ist immer größer«.

Über das Warum dieses ungewöhnlichen Wahlspruchs hat sich Sterzinsky – soweit bekannt – nicht schriftlich geäußert. Aber eigentlich spricht diese dogmatische Grundaussage durch sich selbst. Indirekt findet sie sich im 1. Johannesbrief 3,20: »Wenn das Herz uns auch verurteilt, ist Gott immer größer als unser Herz, und er weiß alles.« Der mittelalterliche Theologe Anselm von Canterbury zeichnete das Gottesbild so: »Gott ist das, worüber hinaus nichts Größeres gedacht werden kann.« Die unbedingte Transzendenz des absolut heiligen Geheimnisses, das wir Gott nennen, wie Karl Rahner SJ formulierte, klingt darin an. Er ist die allerletzte Instanz, die über alles menschliche Begreifen hinausgeht. Alle Mysterien, auch das Geheimnis des Bösen und alle scheinbar unaufhebbaren Probleme sind dort aufgehoben und harren dort der Aufhellung.

Der Wahlspruch von Kardinal Sterzinsky hat sicher einen ignatianischen Anklang. »Alles zur größeren Ehre Gottes« ist eine Grundaussage des heiligen Ignatius von Loyola. Sie gehörte ganz sicher zur Spiritualität des achten Berliner Bischofs. »Die Geistlichen Übungen« des Ignatius hatte er schon in jungen Jahren in Exerzitien kennengelernt. Später gab er selbst in der DDR ignatianische Priesterexerzitien. Fest steht auch, dass er als Jugendlicher von einem Jesuitenpater mitgeprägt wurde und dass er überlegt hatte, in den Jesuitenorden einzutreten. Er soll nur deshalb davon Abstand genommen haben, weil er sonst die DDR hätte verlassen müssen. Denn das Noviziat der Jesuiten befand sich damals in Westdeutschland auf dem Jakobsberg in der Nähe von Bingen a. Rhein. So fielen die Würfel seiner Entscheidung anders.

Helfer zur Einheit

Es ist das historische Verdienst von Kardinal Bengsch, nach dem Bau der Mauer an der Einheit des Bistums festgehalten zu haben, trotz der innerkirchlichen Widersprüche und Widerstände. Sein beschwörendes Vermächtnis vor seinem frühen Tod, »Bewahrt die Einheit des Bistums«, konnte aber nicht verhindern, dass die Mauer den kirchlichen Alltag organisatorisch teilte und sich Klerus und Gemeinden auseinanderlebten. Diesseits und jenseits des Brandenburger Tores war jeder anders geprägt.

Die fast schon legendäre Pressekonferenz mit Politbüromitglied Günter Schabowski am Abend des 9. November 1989 veränderte schlagartig das geteilte Berlin und ganz Deutschland. Das Wort »Wahnsinn« wurde zum Ventil der Gefühle in beiden Teilen der Stadt. In der Euphorie und Sektlaune nach Schabowskis Pressemitteilung vom Mauerfall glaubten viele an ein schnelles Zusammenwachsen dessen, was zusammengehört. Die Vision von »blühenden Landschaften« waren Ausdruck für diese ungeduldige Zukunftssehnsucht. Im Bistum Berlin stand Bischof Sterzinsky vor der Herkulesaufgabe, das Nebeneinander von Ost und West zu einem neuen Miteinander zu führen. In mühsamen Schritten musste er sich in der zerrissenen Ortskirche als »Helfer zur Einheit« bewähren. Es galt, durch die Mauer getrennte Gemeinden wieder zusammenzuführen wie St. Michael, St. Sebastian, St. Marien in Reinickendorf und St. Franziskus in Staaken. Dabei zeigten sich große Unterschiede in den Mentalitäten sowie den pastoralen Akzentsetzungen. Der Bischof als »Helfer zur Einheit« sah sich ungeahnten Schwierigkeiten gegenüber. Prälat Roland Steinke schildert rückschauend:

Als Georg Sterzinsky im September 1989 sein Bischofsamt übernahm, konnte er nicht ahnen, dass er in wenigen Monaten das politisch geteilte Bistum Berlin nach der deutschen Wiedervereinigung wieder zusammenführen sollte. Zwar war das Bistum eine der wenigen deutschen Institutionen, die nach 1961 trotz aller politischen Pressionen einer Teilung widerstehen konnte. Es gab nur ein Bistum Berlin mit einem Bischof und einem Domkapitel. Allerdings bestand – bedingt durch die politische Teilung und verwaltungsmäßige pastorale Zwänge – fast alles doppelt in West und Ost: zwei Bischöfliche Ordinariate, zwei Generalvikare, zwei Offizialate, zwei Diözesancaritasverbände, zwei Kirchenzeitungen, zwei Hedwigs-Chöre und zwei Priesterseminare.

Die Katholikenzahl betrug laut Statistik 1984 im Bistum ca. 417 000 Gläubige, davon in West-Berlin 274 000 in ca. 80 Pfarreien und Seelsorgestellen und 142 149 Katholiken in Ostberlin, in Brandenburg und Vorpommern bei ca. 150 Pfarreien und Seelsorgestellen. Es lebten etwa zwei Drittel der Katholiken in West-Berlin und etwa ein Drittel in Ostberlin, Brandenburg und Vorpommern. Dieses Verhältnis dürfte auch 1989 bestanden haben. Auch unter Sterzinskys Vorgängern Kardinal Bengsch (1961–1979) und Kardinal Meisner (1980–1988) hatte es trotz der »Staatsgrenze« am Brandenburger Tor intensive Kontakte und Kooperationen zwischen den beiden Bistumshälften gegeben. Jetzt war eine neue Situation entstanden, die 28 Jahre lang aufgezwungene Teilung zu überwinden. Bischof Sterzinsky nahm diese Chance konsequent und zielstrebig, aber auch rücksichtsvoll wahr.

Er bildete bald nach der politischen Wende eine »Einheitskommission«, in der die beiden Generalvikare aus dem Westteil und dem Ostteil der Diözese mit ihren Dezernenten und engsten Mitarbeitern vertreten waren. Die Gremien des Bistums wie Domkapitel, Dezernate, Dekanekonferenzen, Priesterräte und Diözesanräte wurden nach Möglichkeit einbezogen. Nach den Beratungen sind mir folgende Beschlüsse für die Stärkung der Einheit des Bistums in Erinnerung. Das Protokoll der Einheitskommission konnte bisher im Archiv leider nicht aufgefunden werden.

Die Verwaltung des Bistums wurde zusammengeführt. Dr. Johannes Tobei aus West-Berlin wurde Generalvikar des ganzen Bistums. Ich, der bisherige Ostberliner Generalvikar Roland Steinke, wurde sein Stellvertreter. Beide Offizialate wurden vereinigt. Die Caritasverbände in West und Ost wurden zusammengeführt. Die Dekanekonferenz wurde eine Einheit, ebenso der Diözesanrat. Etwa 30 Kirchengemeinden im Bistum Berlin sind 1961 durch die Absperrung der Grenzen zerrissen worden. Es wurde beschlossen, den Gemeinden die Entscheidung zu überlassen, ob sie den jetzigen oder den alten Gemeindebezug bevorzugen. Man wollte die jeweilige Entscheidung der Gemeinde respektieren. Umgehend konnten sich Priester für Pfarreien im ganzen Bistum bewerben. Ähnliches galt für andere kirchliche Berufe.

Die beiden Kirchenzeitungen wurden zu einer Kirchenzeitung unter einer Redaktion zusammengelegt. Ebenso sollte aus den beiden Hedwigs-Chören wieder ein Chor gebildet werden. Der Baubetrieb des Caritasverbandes (Ost), eine hilfreiche Einrichtung zur Reparatur der Caritaseinrichtungen, wurde geschlossen. Den Mitarbeitern wurde ein Darlehen zur Gründung von Privatbetrieben gewährt. So entstand die selbstständige Firma St. Albertus-Bauhütte.

Freie katholische Schulen sollten auch im Ostteil des Bistums gegründet werden. Es gab in Ostberlin nur die Theresienschule, ein Lyzeum für Mädchen, das eine »beliebte Oase« inmitten des sonstigen sozialistischen Bildungssystems darstellte. Zumindest sollte wenigstens eine Grundschule jeweils in Ostberlin und in Brandenburg gegründet werden, ebenso ein Gymnasium in Brandenburg. Hierbei sollte besonders die Initiative der Elternschaft berücksichtigt werden. So wurden das Bernhardinum in Fürstenwalde, die Grundschule St. Mauritius in Berlin-Lichtenberg und die Grundschule St. Hedwig in Petershagen bei Berlin gegründet. Im Bereich der Caritas wurde die Ausbildung der Erzieherinnen aus West und Ost zusammengeführt.

Neben den Schulen nahmen Krankenhäuser und Pflegeeinrichtungen für Alte und Behinderte einen wichtigen Platz im Bistumsleben ein. Träger waren zumeist Ordensgemeinschaften. Dieser caritative Dienst erreichte auch viele Nichtchristen. Das galt für West wie auch für Ost. Die DDR ließ die kirchlichen Gesundheits- und Pflegeeinrichtungen arbeiten – vor allem wegen des allgemeinen Mangels. Bischof Sterzinsky legte nach den Beratungen der Einheitskom-

mission fest, dass vorhandene Gesundheits- und Pflegeeinrichtungen im Ostteil des Bistums nach Möglichkeit erhalten und modernisiert werden. So geschah es auch.

Von zwei Lieblingsprojekten des Bischofs in der Wendezeit gelang das eine, das andere erfüllte sich nicht. Der Versuch, eine Katholische Theologische Fakultät zu gründen, scheiterte an Vorstellungen und Plänen, wie sie aus dem Sekretariat der Deutschen Bischofskonferenz kamen, die bei den politischen Mehrheiten im Land Berlin nicht zu realisieren waren. Dagegen gelang die Gründung der Katholischen Akademie in der Hannoverschen Straße im Bezirk Mitte. Laieninitiativen aus dem ehemaligen Ostteil des Bistums sowie aus den Jurisdiktionsbezirken der ehemaligen DDR und Hilfen des späteren ersten Akademiedirektors Minister a. D. Dr. Werner Remmers führten zum Ziel.

Alle Vereinigungsschritte verliefen meist einvernehmlich. Das Empfinden »Wir werden angeschlossen oder abgewickelt« – wie im öffentlichen Bereich oft empfunden wurde – konnte meist vermieden werden. Es lag wohl auch daran, dass der Bischof als »Ossi« mit den Umstellungen sensibel umging. Es ist aber auch dem Generalvikar Dr. Johannes Tobei zu danken, einem Mann mit Herz, der gleichfalls aus dem Ermland stammte. Er war durch seine vielen Kontakte schon vor der Wende im Ostteil des Bistums geschätzt.

Probleme bei der Zusammenführung sind mir vor allem in drei Bereichen des Bistums in Erinnerung. Bei der Vereinheitlichung der Kirchenzeitung mangelte es an Einmütigkeit. Heftige Auseinandersetzungen gab es bei der Vereinigung der Chöre, bei denen selbst der engagierte Vermittlungsversuch des Bischofs zunächst scheiterte.

Mich als langjährigen Caritasdirektor hat es auch überrascht, dass die Vereinigung der Caritasverbände derartig schwierig war, obwohl hier bereits vor der Wende eine hervorragende Zusammenarbeit bestanden hatte. Zum Teil dürfte es daran gelegen haben, dass in der Wendezeit der langjährige, bewährte Leiter des Caritasverbandes im Westteil des Bistums Hubert Pohl schwer erkrankte und die Vertreter mit der neuen Situation überfordert waren.

Roland Steinke

Innere Einheit kam nicht über Nacht

Nach der Euphorie des Mauerfalles mussten »Ossis« und »Wessis« ernüchtert feststellen, dass sich Mentalität und Lebensgewohnheiten in Ost und West unterschiedlich entwickelt hatten. Der weltanschauliche Druck im Ostteil hatte die wärmende Nähe der »kleinen Herde« untereinander verstärkt.

Der Pluralismus der Meinungen im Westen dagegen begünstigte die Anonymität und den Säkularisierungstrend in den Gemeinden. Hinzu kam die wachsende Zahl von Zuzügen in die neue Hauptstadt. Als ehemaliger Pfarrer von Jena mit den ausgedehnten Neubaugebieten im Plattenbaustil kannte Sterzinsky dieses pastorale Problem. Er organisierte damals in seiner Großgemeinde »Missionarische Dienste in den Neubaugebieten« durch Laien und Praktikanten des Erfurter Priesterseminars, die an den Wohnungstüren Kontakt zu den zumeist Neuzugezogenen aufnahmen. Dadurch entstanden »Hauskreise« in Neulobeda, Winzeria und Jena-Nord. Sterzinsky wusste um den Wert von Gemeindebindung bei einem Umzug. »Viele haben sich bei dieser Gelegenheit bewusst oder unbewusst von der Kirche entfernt. Unbewusst, das heißt, sie haben nicht vom ersten Sonntag an den Kontakt aufgenommen und nach einer gewissen Zeit fanden sie dann: Es geht eigentlich auch ohne Kirche.«[27] Diese Reaktion stellte sich in den 90er Jahren auch bei vielen Neu-Berlinern ein. Aber häufig brachten Westdeutsche auch frisches Blut mit. Einzelne Gemeinden im Berliner Speckgürtel profitierten davon. So mancher Seelsorger, auch der Bischof, freute sich über diese Diasporaverstärkung.

Einen beträchtlichen Anteil von Zuwanderern stellten die Spätaussiedler dar, die aus Russland, Kasachstan oder Polen kamen. Sie lebten bisher in extremer Diaspora, in einer Verfolgungssituation oder in volkskirchlichem Milieu wie z. B. in Polen. »Es gibt Gemeinden, die würden wir als Pfarreien nicht mehr halten können, wenn nicht die Spätaussiedler da wären.«[28] Oftmals leben in einer Gemeinde viele verschiedene Nationen zusammen. In der französischsprachigen Gemeinde in Berlin sind auch »viele Afrikaner. In der englischsprachigen Gemeinde sind Briten, Amerikaner und viele Asiaten – Menschen aus verschiedenen Kulturkreisen. Die Sprache verbindet sie und grenzt sie zugleich aus.«[29] Sterzinsky versuchte, sie alle im Blick zu behalten, und wurde so zu einem der prominentesten Fürsprecher für Menschen fremder Herkunft. Migrations- und Asylpolitik wurden Schwerpunkte seiner Pastoral.

In den 90er Jahren wuchs im wiedervereinigten Berlin die Zahl der Kriegs- und Bürgerkriegsflüchtlinge. Besonders aus Ländern des ehemaligen Jugoslawien suchten Tausende Flüchtlinge Obdach und Sicherheit. Um das Jahr 1992 gab es in Deutschland mit 438 191 Asylbewerbern ein Maximum. Herkunftsländer waren vornehmlich Türkei, Irak und Afghanistan. Sterzinsky

---
27 Sterzinsky im Gespräch, S. 34.
28 Ebd. S. 36.
29 Ebd. S. 37.

hatte selbst noch die Vertreibung aus dem Ermland und die Neubeheimatung in Thüringen in lebendiger Erinnerung. Er konnte die Probleme dieser neuen Migrantengruppen also ganz persönlich nachempfinden. Er wusste: Heimatliche Wurzeln ausreißen kann man mit einem Federstrich, Einwurzelung in eine neue Heimat dagegen ist ein langwieriger, oft schmerzlicher Prozess. Bei allen Begrenzungen war nach 1945 die Integration von Millionen deutscher Vertriebener aus den Gebieten jenseits von Oder und Neiße in die drei Westzonen und in die sowjetisch besetzte Zone eine deutsche gesellschaftliche Leistung, die historische Größe darstellt.

Lebensschicksale von Flüchtlingen und Migranten lagen dem Berliner Bischof immer besonders am Herzen. Nicht umsonst wurde er Mitglied im »Rat der Seelsorge für die Migranten und Menschen unterwegs« in der römischen Kurie. Ihm zur Seite stand die Ordensschwester Cornelia Bührle, »eine Juristin und eine zugleich kämpferische, politisch denkende Frau«. Sie arbeitete »immer in Absprache mit mir«, sagte Sterzinsky einmal. Wer in der brisanten Thematik Asyl und Migration tätig war, musste »immer damit rechnen, dass er nicht nur Befürworter findet, sondern auch Gegner und Kritiker«.[30]

Anlässlich des 25-jährigen Bestehens der vatikanischen Instruktion zur »Seelsorge unter den Wandernden« hielt Kardinal Sterzinsky am 20. Februar 1995 in der Päpstlichen Universität Gregoriana in Rom den Festvortrag. Sein Roter Faden war dabei die These »In der Kirche ist niemand fremd«. Hinter diesem Wort verberge sich eine für Christen wichtige, innere Wirklichkeit: »Unsere Sehnsucht nach Gemeinschaft und Einheit«. Diese Sehnsucht sollten wir ernst nehmen und pflegen, weil sie in uns selbst lebendiger Ursprung, Antrieb und unerschöpfliche Quelle ist. »Und Gott gibt uns keine Sehnsucht ein, die Er nicht erfüllen könnte.« Andererseits sei unverkennbar: »Die Welt von heute ist in Fluss geraten, ist auf der Suche nach ihrer neuen und zukünftigen Ordnung, und dementsprechend herrscht eine tiefe Verunsicherung und auch Orientierungslosigkeit.«

In dem umfangreichen Referat wurde deutlich, dass Sterzinsky die Brisanz des Asylantenproblems durchaus im Blick hatte. Es sei keineswegs so selbstverständlich, »dass Laien wie Kleriker noch lange nicht den ›Migranten‹, den ›Ausländer‹, als selbstverständlich in ihrer Mitte akzeptieren«. Er spielte dabei auf die kontroverse Diskussion an, ob Deutschland Einwanderungsland[31]

---

30 Ebd. S. 39.
31 Deutschland ist nach dem Stand von 2012 nach den USA das zweitbeliebteste Einwanderungsland. Etwa 19 Prozent der deutschen Gesamtbevölkerung haben einen Migrationshintergrund.

sei oder nicht. Es sei jedenfalls die diakonisch-advokatorische Aufgabe der Kirche, »Anlaufstelle für Migranten in Not« zu sein, die »von einer Versorgungspflicht des Staates nicht mehr erfasst werden bzw. die in Gesellschaft und Staat diskriminierend und ungerecht behandelt werden«. Diakonisches Handeln heiße hier »Hilfehandeln von Kirche als rettendes und befreiendes Eingreifen im Namen Jesu am Ort von Migranten in Not«. Konkret lag die diakonisch-advokative Hilfe häufig bei den ausländischen Missionen. Sie seien ein »unverzichtbarer Sprach- und damit Kulturraum für diejenigen, die neu einwandern und sich in der einheimischen Kirche nicht zu Hause fühlen, z. B. wegen mangelnder Sprachkenntnisse«. Sterzinsky gab Gruppierungen nach Sprachen »den unbedingten Vorzug« vor Gruppierungen nach Nationalitäten. Denn die Kirche sei nicht »die Summe von Nationalkirchen«. Um die Vielfalt der ausländischen Gruppierungen im Erzbistum stärker erlebbar zu machen, lud Kardinal Sterzinsky zu den großen Bistumsgottesdiensten immer wieder die verschiedenen Geistlichen und Mitglieder der ausländischen Missionen zur Teilnahme ein. So wurde der Festgottesdienst am 8. Dezember, dem Fest der ohne Erbsünde empfangenen Jungfrau und Gottesmutter Maria, im Laufe der Jahre ein Treffpunkt der 16 muttersprachlichen Gemeinden.

In die sensible Diskussion über illegale Zuwanderer griff Kardinal Sterzinsky im Mai 2001 ein. Die Schärfung des öffentlichen Bewusstseins in dieser Frage sah er als eine seiner Aufgaben an. In einem Vortrag in der Freien Universität Berlin stellte er eine gerade verabschiedete Stellungnahme der Kommission für die Migrationsfragen der Deutschen Bischofskonferenz vor. Obwohl die »Problemanzeigen« aus der Seelsorge und der kirchlichen Caritas zunähmen, wollten sich Politiker »bis heute nicht« dieses brennenden Themas annehmen. Irreguläre Migration sei ein »zentrales globales Phänomen« und keine Randerscheinung. Von der Politik erwarte die Kirche konkrete Maßnahmen zum Abbau der Illegalität der nun einmal in Deutschland lebenden Menschen. Dazu gehöre eine »großzügige Altfallregelung«, bei der Sprachkenntnisse und Integrationsbereitschaft berücksichtigt werden müssten, sowie eine neue »Härtefallregelung«. »Ich erwarte Taten – und zwar in der Gesetzgebung! Nicht morgen, sondern jetzt«, erklärte der Berliner Erzbischof. Wohin steuere sonst der Tanker, den wir Gesellschaft nennen.

Vor diesem Hintergrund des bevölkerungspolitischen Wandels und seiner Konsequenzen für die Kirche verschärften sich die Finanzprobleme im Bistum. Der Zuzug von Katholiken aus Bonn kam wesentlich langsamer als erhofft, sodass ein Anstieg der Kirchensteuereinnahmen wider Erwarten ausblieb. Außerdem behielten viele Zugezogene aus der alten Bundesrepublik ihren ersten Wohnsitz in ihrer alten Heimat. Anfallende Kirchensteuern gingen daher an die alte Adresse der Umgezogenen. Das war dann einer der Gründe, warum es zu der spektakulären Finanzkrise kam, die deutschlandweit Schlagzeilen machte. Die Berliner Morgenpost veröffentlichte dazu eine eigene Karikatur.

2   BERLINER MORGENPOST   ☆   M

Karikatur

In der Diözese Berlin wird gespart...

Karikatur: Sch

Prälat Roland Steinke stellt aus seiner Sicht die Entwicklung im Zusammenhang so dar:

Sterzinsky stellte sich der Finanzkrise

»*Im guten Glauben gehandelt – Georg Kardinal Sterzinsky entschuldigt sich bei seiner Diözese für die Finanzkrise.*« *So lautete die Überschrift in der* »*Tagespost*« *vom 18. März 2003 für die Dokumentation des Briefes, den Kardinal Sterzinsky an seine Mitarbeiter und die Kirchengemeinden geschrieben hat. Der Kardinal formulierte den Brief bei der Versammlung der Deutschen Bischofskonferenz (DBK) in Freising. Er übernahm darin persönlich die Gesamtverantwortung für die entstandene Situation.* »*Davon kann mich auch die Tatsache nicht entbinden, dass ich in gutem Glauben und in Übereinstimmung mit den zuständigen Gremien gehandelt habe. Ich gestehe, dass ich die notwendigen Entscheidungen nicht getroffen oder nicht durchgesetzt habe, die zu einer Verhinderung der Notlage hätten führen können. Ich bitte um Entschuldigung und Nachsicht.*«

Wie kam es zu dieser Situation? Die Finanzkrise war eine der wenigen unerfreulichen Folgen der deutschen Wiedervereinigung. In West-Berlin war die finanzielle Lage vor der Wende durch Kirchensteuereinnahmen und Zuschüsse der DBK relativ stabil. Im Ostteil der Diözese mit Ostberlin, großen Teilen von Brandenburg und Vorpommern war die Zahl der kirchlichen Mitarbeiter eher begrenzt. Man war mehr auf ehrenamtliche Mitarbeit angewiesen. Zudem ließ die finanzielle Unterstützung der Kirche aus der Bundesrepublik keine größeren Probleme aufkommen. Schwierigkeiten kamen eher durch politische Behinderungen und Materialmangel.

Nach der Wende entstand nun ein Ungleichgewicht zwischen Einnahmen und Ausgaben. Die Kirchensteuereinnahmen stagnierten. In West-Berlin entfiel die frühere Wirtschaftsförderung. Die Arbeitslosigkeit stieg. Auch die Sonderförderungen im kirchlichen Sektor entfielen weithin. Der hohe Personalbestand in Kirchengemeinden und kirchlicher Verwaltung war nicht mehr bezahlbar.

Im Ostteil des Bistums brachen die VEB-Betriebe zusammen. Viele Berufstätige verloren ihren Arbeitsplatz. Andererseits gab es den Drang, mit dem Westteil gleichzuziehen. Ich erinnere mich noch an den Vorwurf »*Ihr könnt doch die Angestellten in Kirchengemeinden, z. B. Organisten, Küster, Hausmeister und Pfarrsekretärinnen, nicht ausbeuten. Ihr müsst sie geregelt anstellen!*« *So geschah es dann häufig. Aber die Einnahmen gaben das nicht her. Hinzu kam natürlich im Ostteil des Bistums der große Nachholbedarf an Investitionen. Kindergärten, Seniorenzentren und andere Caritaseinrichtungen mussten auf den geforderten Standard gebracht werden. Und sollten nicht wenigstens einige freie katholische Schulen auch im Ostteil gegründet werden?*

Schon in den Jahren 1994 und 1995 zeichneten sich die ersten Probleme für die Finanzierbarkeit ab. Aber man hoffte, dass sich die wirtschaftliche Flaute legen werde, wenn Berlin als neue Hauptstadt wieder attraktiv wird. Dass diese Erholungsphase noch ca. 15 Jahre dauern würde, ahnten damals nur wenige. Erst in den letzten Jahren sind die staatlichen Steuereinnahmen jährlich um Milliarden Euro gestiegen und entsprechend auch die Kirchensteuereinnahmen!

Kardinal Sterzinsky wollte unbedingt vermeiden, Mitarbeiter/innen in Gemeinden und kirchlichen Einrichtungen zu entlassen. Auch wollte er wenigstens die Caritas- und Bildungseinrichtungen weiterführen, die die sozialistischen Zeiten der DDR überdauert hatten. In der Evangelischen Landeskirche von Berlin/Brandenburg verlief die finanzielle Entwicklung ähnlich wie im Erzbistum Berlin. Durch hohe Personalkosten und Investitionen in die kirchlichen Einrichtungen des Ostteils gab es Mitte der 90er Jahre die ersten Zahlungsschwierigkeiten. Konsequent beschloss die evangelische Landessynode im November 1997 die Reduzierung des Personals als wichtigste Sanierungsmaßnahme. Von den 7 300 Mitarbeitern der Landeskirche sollten 1 000 entlassen werden. Das führte damals zu großen öffentlichen Protesten der Betroffenen und zu Unverständnis in Kirchengemeinden und Öffentlichkeit. Trotzdem wurde die Entscheidung richtigerweise aufrechterhalten.

Als in der Landeskirche 69 Prozent des Etats für die Krankenhausseelsorge gekürzt wurden, war auch die evangelische Krankenhausseelsorge im katholischen St. Hedwig-Krankenhaus und im St. Joseph-Krankenhaus in Weißensee betroffen. Die Leitungsgremien in beiden Häusern beschlossen, aus Eigenmitteln die Gehälter der Pastoren mitzufinanzieren. Denn die seelsorgliche Betreuung der evangelischen Patienten gehöre zum notwendigen Standard der katholischen Häuser und dürfe nicht durch die Sparmaßnahmen entfallen.

Kardinal Sterzinsky wollte diesen radikalen Kurs der Synode für das Erzbistum nicht gehen. Entlassungen sollten vermieden werden. Er setzte auf Sparmaßnahmen milderer Art. So wurde eine Kommission gebildet, um die Neubesetzung jeder vakant werdenden Stelle zu überprüfen und zu genehmigen. Tatsächlich konnten so Einsparungen vorgenommen werden. Allerdings reichten sie nicht aus. Bei den betreffenden Kirchengemeinden und Einrichtungen waren Einsicht und Bereitschaft zu Einsparungen nicht selten eher gering.

Aus der Rückschau hat die Evangelische Landeskirche sicherlich den besseren Weg gewählt. Denn etwa fünf Jahre später musste Sterzinsky doch den radikalen Weg gehen, jetzt unter dem Druck der Bankverbindlichkeiten in Höhe von

114,3 Mio. Euro im Jahre 2003. Als wichtigste Sanierungsmaßnahme für das Erzbistum hatte die Beratungsfirma McKinsey und die Kommission der DBK die Kürzung des Personalbestandes von 2 700 Vollzeitstellen auf 2 300 empfohlen. Also mussten doch 400 Vollzeitstellen abgebaut werden. Damit sollte der jährliche Haushalt des Erzbistums um jeweils 13 Millionen Euro entlastet werden.

Mir ist ein Ausspruch eines leitenden Mitarbeiters nach der Finanzkrise in Erinnerung geblieben. Er wurde gefragt, was er aus dem Geschehen gelernt habe. Seine Antwort: »Verschiebe notwendige Entscheidungen nicht!«. Kardinal Bengsch, der bisweilen den drastischen Berliner Jargon liebte, hätte vielleicht formuliert: »Die Schnelligkeit des Henkers ist seine Barmherzigkeit!«.

Kardinal Sterzinsky wird sich gewiss in der Finanzkrise die Frage gestellt haben: Resigniere ich oder bleibe ich im Amt? Zudem war er schon 67 Jahre alt und gesundheitlich nicht gerade stabil. Wer ihn genauer kannte, wusste seine Entscheidung vorweg. Sein ausgeprägtes preußisches Pflichtgefühl und sein Amtsverständnis brachten es mit sich, dass er die entstandene Krise auch selbst lösen wollte.

So schrieb er in seinem Brief von der DBK an die Kirchengemeinden, er wolle mit Hilfe der anderen Diözesen Deutschlands und unter Beachtung der Empfehlungen von McKinsey die Zahlungsfähigkeit des Erzbistums gewährleisten und erhalten. Er wolle außerdem die Pastoral so konzipieren, dass bei der erforderlichen Reduzierung der Ausgaben die wesentlichen Aufgaben der Diözese in Pastoral und Caritas gewährleistet bleiben. Er bitte das Bistum und alle Beteiligten um Vertrauen. Die Sanierung erfolgte zur Überraschung aller extern Beteiligten ungewöhnlich schnell und komplikationslos. Ende 2006 waren die Verbindlichkeiten bereits auf 36 Millionen Euro gesunken. Und das, obwohl die von der DBK zugesagten 50 Millionen Euro – eine Hilfe aus 26 anderen deutschen Bistümern – nur noch zu zwei Dritteln in Anspruch genommen werden mußten. Im Jahre 2014 konnte vom Erzbischöflichen Ordinariat bekanntgegeben werden, dass zum dritten Mal ein ausgeglichener Jahresetat des Erzbistums Berlin vorgelegt werden kann.

In der Politik geschieht es selten, dass Regierungschef oder Minister eigene gravierende Fehler eingestehen und sie lieber auf andere abwälzen, um sich so zu entlasten. Georg Kardinal Sterzinsky ist anders verfahren. Er hat seine Fehler öffentlich eingestanden, sich entschuldigt und nicht ohne Erfolg versucht, nach bestem Vermögen den entstandenen Schaden wiedergutzumachen.

Roland Steinke

Altlasten der DDR entsorgen

Der Untergang der DDR hinterließ Problemfelder, die im ersten Jubel der Wiedervereinigung kaum erahnt worden sind. Dazu gehörte auch der Stasi-Komplex. Das Überwachungssystem durch das Ministerium für Staatssicherheit (MfS) wollte zur Herrschaftssicherung über alles und jeden Bescheid wissen und die Kontrolle ausüben. Ein dichtes Gitternetz von Informationsquellen durch Hauptamtliche und Inoffizielle Mitarbeiter (IM) war landesweit gespannt. Mielkes »Firma Horch und Guck« versuchte, auch die christlichen Kirchen voll im Blick zu haben und nach Möglichkeit politisch auf Linie zu bringen. Die IM waren nicht nur in der DDR breit gefächert im Einsatz, sondern auch in der »feindlichen« Bundesrepublik.

Einfallstore des MfS waren häufig Schmeicheleien, Ängste durch Erpressung und Privilegien. Die Hauptabteilung XX/4 des MfS hatte ein ausgeklügeltes System entwickelt, Menschen zu korrumpieren und abhängig zu machen. Nicht jeder hatte die Kraft, sich zu verweigern. Dem neu ernannten Bischof Sterzinsky waren diese Methoden aus seinen Jahren in Heiligenstadt, Jena und Erfurt wohlbekannt. Dass die Stasi seine Opferakte in Erfurt allerdings bereits wegen Erfolglosigkeit geschlossen hatte, wusste er natürlich nicht.

Als nach der Wende die Akten des MfS einsehbar wurden, wurde im Berliner Amtsblatt jeder Priester aufgefordert, über seine eventuellen Kontakte zum MfS Auskunft zu geben. Schon Kardinal Bengsch hatte eine offizielle Schiene zum Staatssekretariat für Kirchenfragen und zum MfS installiert. Diese Kontakte durch »politische Prälaten« waren der Versuch, den Dschungel unkontrollierter Infiltrationen und unüberschaubarer Abhängigkeiten zu vermeiden. Das ist nur bedingt gelungen, wie sich im Laufe der Zeit herausstellte. Die Neugier der Medien, die im Geflecht Kirche und Stasi ein saftiges Thema sahen, kam allerdings im katholischen Raum weniger auf ihre Kosten als bei den evangelischen Landeskirchen. Die hierarchische Struktur der katholischen Kirche erleichterte manche abwehrende Reaktionen offenbar eher als die synodale Struktur der evangelischen Kirchen.

Einen bevorzugten Ansatzpunkt für die Arbeit des MfS gegenüber den Kirchen bildeten außer Einzelpersonen die Studentengemeinden. Hier sah man das Reservoir für die zukünftigen Führungskader der sozialistischen Gesellschaft. Die Stasiakten zeigten, dass diese Versuche im Bistum Berlin, und zwar in Ost und West, leider nicht ohne Erfolg blieben. Aber auch bei Laienorganisationen wie dem Kolpingswerk gab es vereinzelt MfS-Kooperationen.

Man wusste damals, dass das MfS bei allen Veranstaltungen durch Spitzel mithörte.

Gegen die Betroffenen mit harter Hand vorzugehen, war Sterzinsky persönlichkeitsfremd. Er nahm eher den Vorwurf hin, nicht den Mut zu haben, mit eisernem Besen auszufegen. Dennoch ließ er das Führungspersonal seines Ordinariates durch die Gauck-Behörde überprüfen, ohne dabei Betroffene zu finden. Um im Einzelfall zu entscheiden, betraute er 1993 Pfarrer Manfred Ackermann mit der Sammlung des zugänglichen Aktenmaterials. Auf diese Weise sollten u. a. die Klarnamen der nur mit Decknamen bekannten IM herausgefunden werden, um die Qualität der Mitarbeit des Einzelnen beim MfS besser abwägen zu können.

Jeder eitlen Selbstdarstellung abhold

Das Bischofsamt bringt es naturgemäß mit sich, immer im Scheinwerferlicht der Öffentlichkeit zu stehen. Jedes Wort wird aufmerksam gehört und kritisch gewogen, jede Handlung am Geist des Evangeliums gemessen. Für einen Mann wie Georg Sterzinsky, der alles andere als extrovertiert war, bedeutete das eine ständige Herausforderung. Von Natur aus lagen dem absolut uneitlen Bischof öffentliche Auftritte nicht. Es fiel ihm schwer, spontan auf andere zuzugehen und von sich aus neue Kontakte zu knüpfen.

Das emotional geladene, massenwirksame Wort war nicht seine Sache. Ein ihm vom Studium her bekannter Krankenhausseelsorger erzählte ihm, dass seine Patienten auf den Stationen häufig wechselten. Darum müsse er sich immer wieder auf neue Gesichter einstellen. Nur so seien vertrauensvolle persönliche Gespräche möglich. Sterzinskys spontane Reaktion: »Das könnte ich nicht.« Der Mann mit dem Computergedächtnis hatte hier seine Grenzen.

Er war mit diesem Defizit an offensiver Herzlichkeit und kommunikativer Spontaneität dem introvertierten Kardinal Preysing ähnlich, der im NS-Kirchenkampf stets auf theologisch präzise und juristisch wasserdichte Formulierungen Wert legte, selbst aber kein zündender Redner war und keine kommunikative Spontaneität besaß. Sterzinsky hielt nichts von anschaulicher, plakativer Bildersprache, die zwar in der Öffentlichkeit eher ankommt, aber leicht am Aussagekern vorbeigehen kann. Ob seine Worte Schlagzeilen in der Presse fanden oder nicht, war ihm ziemlich gleichgültig. Aber wer nicht laut ist, wird nicht wahrgenommen und gehört. Das widerfuhr ihm im Konzert der Medien immer wieder. Der Flirt mit den Medien, um mit einer guten Presse zu glänzen, lag ihm fern. Er putzte nicht das eigene Schaufenster um des öffentlichen Beifalls willen. Es gab nicht den leisesten Schatten von Starallüren.

+ Georg Card. Sterzinsky

Seine zierliche, kleine Unterschrift war immer wie eine Selbstaussage. Sein »Kleinschreiben« war Ausdruck seiner Zurücknahme und Bescheidenheit in Wort und Selbstdarstellung. Es fiel ihm allerdings auch schwer, andere öffentlich zu loben. Es ist bezeichnend, dass er jahrelang ablehnte, für verdiente Priester päpstliche Ehrentitel im Vatikan zu beantragen, was ihm frühere Vertraute aus Erfurt kritisch vorhielten. »Du trägst doch jetzt selbst Pallium, Purpur und viele Ehrentitel« quittierte er mit verlegenem Achselzucken. Erlittene Erfahrungen seiner eigenen Kindheit und Jugend mögen zu diesem gebrochenen Verhältnis gegenüber Anerkennung, Dank und Lob beigetragen haben. Sein cholerisches Temperament hat es seiner unmittelbaren Umgebung allerdings nicht immer leicht gemacht. Wenn sein Diabetes wieder einmal »entgleiste« und sein Ärger sich explosiv entlud, war man gut beraten, lange genug abzuwarten, bis sich der bischöfliche Pulverdampf verzogen hatte. Dann konnte weiter diskutiert werden, so als wäre nichts geschehen.

Einen symbolischen Vorgang bei der Bischofsweihe nahm er in den Jahren seiner Amtszeit immer ernst. Das auf seine Schultern gelegte Evangelienbuch war für ihn mehr als Detail des Weiheritus. Es markierte den apostolischen Verkündigungsauftrag, sei es gelegen oder ungelegen. Ob an der Cathedra der überfüllten Bischofskirche oder in einer Außenstation der brandenburgischen Diaspora, in der die kleine Herde versammelt war, immer verkündete er auf seine eigene Weise die Frohe Botschaft. Dabei verzichtete er auf jegliche Brillanz in der Wortwahl, auf anschaulichen Bilderreichtum und jede massenwirksame verbale Zutat. Plakatives Reden gehörte nicht zu seinem Stil. Daher erntete er auch weniger Schlagzeilen in der Presse als andere. Manche hielten daher seine Predigten für zwar gut vorbereitet, aber für zu trocken, zu intellektualistisch und theologisch oft über die Köpfe der Zuhörer hinweg. Er beantwortete Fragen, die kaum jemand stellte.

Provozieren oder polarisieren wollte Sterzinsky in seinen Predigten nie. Das verbindende Sowohl-als-auch bevorzugte er anstelle des schroff trennenden Entweder-oder. In einem Bändchen »Zur Advents- und Weihnachtszeit« schrieb Sterzinsky im Vorwort: »Kirchliche Verkündigung zielt darauf, die einzigartige Bedeutung der Menschwerdung bekannt und auf Jesus als Licht der Welt aufmerksam zu machen.«[32] Das Wesentliche war für ihn immer das

---

32 Georg Sterzinsky: Ein Licht leuchtet in der Stadt. Freiburg, 1996. S. 8.

Die Abendstunden hinter dem Schreibtisch waren kaum reine Erholung, zumal Sterzinsky auch hier gnadenlos arbeitete. Aber abseits der Hektik und Termine waren sie für ihn doch auch persönliche Ruhepunkte.

Wort Gottes selbst, nicht sein eigenes Wort. Das Evangelium bildete in jeder Ansprache einen Cantus firmus. Als bewährter Exerzitienmeister für Priester verstand er, schlicht und authentisch das Evangelium für das geistliche Leben zu erschließen und die Alltagsschwierigkeiten mit zu sehen.

Heißen Eisen wie der Flucht aus der DDR ging Sterzinsky nicht aus dem Weg. Noch vor der Wende, am 24. September 1989, bezog er auf der Kanzel von St. Hedwig zur Fluchtwelle aus der DDR Stellung: Es ginge ihm nicht um Bevormundung. »Nur was soll aus der DDR werden, wenn Oppositionskräfte abwandern? Wir brauchen auch hier eine Opposition. Einerseits müssen wir anerkennen: Es gibt ein Menschenrecht auf Freizügigkeit. Deswegen können wir denen nicht das Recht verweigern, die aus der DDR hinausdrängen. Aber dadurch werden die Probleme in der DDR nicht gelöst, wenn die wichtigsten, auf Reform bedachten Kräfte die DDR verlassen.« Trotz der Differenzierung trugen Sterzinsky diese Sätze nicht nur Zustimmung, sondern auch Kritik ein und zwar in Ost und West.

Nicht immer fand der neue Bischof allerdings den richtigen Ton. Seine erste große Predigt im Berliner Olympiastadion beim 90. Deutschen Katholikentag im Mai 1990 fanden viele enttäuschend und als vergebene Chance. Kurz nach dem Fall der Mauer hatte man ein Wort herzlicher Mitfreude über dieses epochale Ereignis erwartet. Schließlich war es das erste Mal, dass Ost und West in großer Gemeinde endlich wieder gemeinsam Eucharistie feiern konnten. Dieses Wort wurde nicht gesprochen. Der Regierende Bürgermeister Walter Momper hatte dagegen die Erwartungshaltung besser getroffen, als er den Berlinern nach dem 9. November spontan zurief: »Berlin, nun freue dich!«

Sterzinskys Vorgängern Bengsch und Meisner war es durch die kirchenpolitischen Umstände verwehrt, das Zeitgespräch der Gesellschaft in den Medien mitzuführen. Nach dem Fall der Mauer sah Bischof Sterzinsky darin Chance und Pflicht zugleich. Wenn das Konzil die »Kirche in der Welt von heute« wollte, dann durften die sozialen Kommunikationsmittel nicht ungenutzt bleiben. Als 1997 das Schaf Dolly als erstes geklontes Säugetier Schlagzeilen machte, nahm der Berliner Kardinal in einem Hörfunkbeitrag des Rundfunks Berlin-Brandenburg (rbb) aus seiner Sicht dazu Stellung. Sie war abgewogen, ohne Schwarz-Weiß-Malerei und betonte die Würde des Lebens. Diese regelmäßige Kommentarreihe, die schon zuvor im Sender Freies Berlin (SFB) einen festen Platz hatte, ermöglichte dem Bischof, Themen seiner Wahl aus seiner Sicht aufzugreifen. In dieser Reihe äußerte er sich auch 1991 kritisch zum Golfkrieg, der mit der Operation Wüstensturm zum Sturz des Diktators Saddam Hussein führte. Adressat seiner Kritik waren die USA als dominierende Macht. In einem Interview mit dem rbb hatte Sterzinsky nachdrücklich erklärt, dass er auch aufgrund seiner schrecklichen eigenen Erfahrungen gegen den Krieg der USA sei. Auf die Nachfrage der Moderatorin, ob er in diesem Zusammenhang Verständnis hätte für den Boykottaufruf amerikanischer Produkte, antwortete er zustimmend. Dies wurde ihm in der Folge als Anti-Amerikanismus ausgelegt, besonders in West-Berlin, wo die Blockademonate 1948/1949 nicht vergessen waren. Hatte er hier politisch unklug Grenzen überschritten?

Hilfe für Gemeinden im ehemaligen Ostblock

Typischen Bistumsegoismus kann man Sterzinsky in seinen Bischofsjahren nicht nachsagen. Die Personaldecke in der Seelsorge war auch zu seiner Zeit im Bistum Berlin ausgesprochen dünn. Trotzdem war er bereit, Verantwortung für die Weltkirche ganz praktisch mitzutragen. Der Zusammenbruch des Sowjet-Imperiums und die Bildung der GUS-Staaten brachten auch die Chance, der verschwindenden Minderheit katholischer Christen Hilfe und neue Zukunft zu geben. Nach einer fünftägigen Russland-Reise im November 1993, die ihn nach Moskau, Saratow und Marx führte, beschrieb Kardinal Sterzinsky auf einer Pressekonferenz die russische katholische Kirche als »Kirche zwischen Angst und Hoffnung«. Die »Aufgeschlossenheit der Kinder, der Jugend und der Intelligenz sowie die Treue der Alten« seien hoffnungsvolle Zeichen. Dagegen gebe es »die permanente Gefahr, dass gerade die katholischen Russland-Deutschen in die Bundesrepublik auswandern könnten«.[33]

Konkreter Anlass der Reise des Kardinals war die Teilnahme an der Weihe der neuen Kirche in Marx an der Wolga am 21. November 1993. Pfarrer war hier seit 1991 der aus dem Bistum Dresden-Meißen stammende Clemens Pickl. 1998 wurde er Bischof des 2002 neu errichteten Bistums St. Clemens in Saratow. Unter 4,5 Millionen Menschen leben in diesem großflächigen Bistum ca. 21 500 Katholiken. Die katholischen Russland-Deutschen besitzen jetzt mit der repräsentativen Kirche »Christus König« wieder einen geistlichen Mittelpunkt. Das Bistum Berlin unterstützte diesen ersten Bau einer katholischen Kirche in Russland seit 1914 mit 500 000 D-Mark.

Marx hieß bis zur Umbenennung im Jahre 1920 Katharinenstadt. Der Name erinnerte an die große Vergangenheit des südrussischen Wolgaraumes. Unter der deutschstämmigen Zarin Katharina II. – die einzige Herrscherin, der in der Geschichtsschreibung der Beiname »die Große« verliehen wurde – entstanden entlang des Ufers der unteren Wolga rund 100 Dörfer mit Siedlern aus Baden, Hessen, Bayern und dem Rheinland. Die von Ideen der französischen Aufklärung geprägte Zarin hatte in den Jahren 1763–1767 deutsche Siedler angeworben mit dem Versprechen eines politischen Sonderstatus: Selbstverwaltung, Recht auf deutsche Sprache als dritter Verwaltungssprache und Befreiung vom Militärdienst. Viele Versprechen blieben auf dem Papier.

---

[33] Kirchenzeitung für das Bistum Berlin vom 5. Dezember 1993.

Kirche in Marx. Im Vordergrund das alte Gotteshaus.

Das Siedlungsgebiet an der Wolga erhielt nach der Oktoberrevolution eine Teilautonomie. Stalin als Volkskommissar für die Nationalitäten schickte 1918 den ehemaligen Kriegsgefangenen Ernst Reuter als Volkskommissar für deutsche Angelegenheiten nach Saratow. Nach nur wenigen Monaten ging Reuter nach Deutschland zurück. Seine große Zeit kam erst viel später und zwar 1948–1953 als Berliner Regierender Bürgermeister, dann jedoch als freiheitlicher Sozialdemokrat. Seine aufrüttelnden Worte bei der Berlin-Blockade am 9. September 1948 vor rund 300 000 West-Berlinern gingen in die Geschichte ein: »Ihr Völker der Welt, schaut auf diese Stadt. Erkennt, dass ihr diese Stadt nicht preisgeben dürft!«

1924 wurde die Sowjetrepublik der Wolgadeutschen mit 600 000 Einwohnern gegründet. Nach dem deutschen Überfall auf die UdSSR am 22. Juni 1941 befahl Stalin, die Wolgadeutschen nach Sibirien und Kasachstan umzusiedeln, darunter ca. 400 000 Katholiken.[34] Ihnen wurde kollektive Kollaboration vorgeworfen. Die Älteren wussten noch nach Jahrzehnten nur allzu gut, was Verfolgung bedeutet. Der stalinistische Kirchenkampf hatte schon in den 20er Jahren schwere Wunden geschlagen. Christen waren spurlos »verschwunden«, viele Priester wurden verhaftet und Laien wie Bürger zweiter Klasse behandelt. Nun wurden sie Opfer einer gnadenlosen ethnischen Säuberung.

Die Güterzüge mit den Deportierten aus dem Wolgagebiet kamen im September 1941 in Sibirien an. Sie mussten »ohne Erntevorräte in Notwohnungen oder Erdhöhlen den ersten Winter überleben. Arbeitsfähige Männer und alle Frauen, die kein Kind unter zwei Jahren hatten, wurden in die ›Trudarmee‹, d. h. in Arbeitslager, abkommandiert. Viele von ihnen starben dort oder kamen krank zurück.«[35] Erst 1964 wurden die Wolgadeutschen von Stalins Vorwurf offiziell freigesprochen. Eine Rückkehr in die Heimat an der Wolga blieb ihnen jedoch verwehrt. Die Altai-Region in Sibirien und Nord-Kasachstan blieben Gebiete mit vielen deutschstämmigen katholischen Inseln.

Der aus einer wolgadeutschen Familie stammende junge Jesuit Joseph Werth (Jahrgang 1952) war seit 1991 Bischof von Nowosibirsk, der drittgrößten russischen Stadt nach Moskau und St. Petersburg, rund 1 600 km östlich des Ural-Gebirges. Sein Bistum mit deutschsprechenden Minderheiten ist territorial elfmal größer als Deutschland. Bei einem Berlin-Besuch wies er auf die pastorale Notsituation hin und fragte Sterzinsky, ob er ihm befristet

---

34 Stalin veröffentlichte am 28. August 1941 den Erlass des Politbüros, dass alle Russland-Deutschen nach Sibirien, Zentralasien und Kasachstan zu deportieren seien.
35 Sr. Teresa Stach: Festschrift zum 20. Kirchweihtag von St. Petrus in Talmenka. S. 7.

Seelsorger freistellen könnte. Nach dem Zusammenbruch der UdSSR war Seelsorge durch ausländische Priester nun wieder möglich. Sterzinsky erklärte auf der Herbst-Priester-Rekollektio am 18. September 1991: »Wer sich gerufen fühlt, den gebe ich frei bei allem Priestermangel, den wir in Berlin selbst haben.« Der bereits 62-jährige Krankenhausdekan Msgr. Lorenz Gawol und die jungen Kapläne Thomas Höhle aus der Herz-Jesu-Gemeinde im Bezirk Prenzlauer Berg und Bernhard Scholtz aus St. Mauritius in Berlin-Lichtenberg meldeten sich. Das Bistum Berlin übernahm jeweils weiter ihre Besoldung. Größere Projekte wurden von den Hilfswerken »Renovabis« und »Kirche in Not« mitgetragen.

Krankenhausdekan Gawol reiste als erster der drei Berliner Priester und zwar nach Tonkoschurowka, einem 1000-Seelen-Dorf in Nord-Kasachstan. Er blieb dort bis Anfang des Jahres 2001. Im Jahr 1999 wurde er Generalvikar des Bischofs Tomasz Peta in Astana, der Hauptstadt Kasachstans. Handschriftlich gratulierte ihm Sterzinsky am 24. Oktober 1999 zu der neuen Aufgabe, »die keiner Generalvikarstelle in Deutschland vergleichbar« sei. In ganz Deutschland habe die Nachricht dieser Ernennung »Aufsehen erregt«. In seinem 25. und letzten Rundbrief vom April 2001 an Freunde und Bekannte zog er eine Bilanz seiner zehnjährigen Arbeit. Er habe »Gottesdienste in etwa 35 Orten« gehalten, etwa 3 000 Taufen gespendet und war im Dienst der Caritas in einem Radius von 1 700 km unterwegs. Finanzielle und materielle Hilfen, die mit insgesamt 32 LKW aus Deutschland kamen, haben ihm jahrelang die ausgedehnte Pastoral ermöglicht. 1996 gelang es ihm, eine staatlich anerkannte private christliche Schule in Karnejewka zu errichten. Die in einem Wohnhaus untergebrachte Schule begann mit nur 17 Schülern in der ersten Klasse. Inzwischen ist längst ein neuer, größerer Schulkomplex entstanden, der im Jahr 2000 eingeweiht werden konnte. Gawol wusste, Mühen für eine Schule sind noch immer die beste Investition für die Zukunft.

Bernhard Scholtz übernahm 1992 die Seelsorge in Slawgorod, einer Stadt südwestlich von Nowosibirsk im südlichen Westsibirien mit ca. 40 000 Einwohnern. Thomas Höhle ging im Frühjahr 1993 in die Gemeinde St. Petrus in der Kleinstadt Talmenka, ca. 160 km südlich von Nowosibirsk mit 18 000 Einwohnern. Slawgorod und Talmenka liegen in der Verwaltungsregion Altai, ca. 160 km südlich von Nowosibirsk. Die Region grenzt im Süden an Kasachstan und geht im Westen in das Westsibirische Tiefland über. Beide Berliner Priester hatten erste pastorale Erfahrungen auf Berliner Pflaster im Gepäck und brachten lediglich ihr Schulrussisch mit.

Am 17. August 1996 flog Kardinal Sterzinsky für eine Woche von Frankfurt/Main nach Nowosibirsk. Er wurde von Pfarrer Michael Theuerl begleitet, der bereits seit 1993 befristet zur Seelsorge in Nowosibirsk tätig gewesen war. Nach sechsstündigem Flug kam eine mehrstündige Autofahrt nach Slawgorod, die für den 60-jährigen Sterzinsky zur reinsten Tortur wurde. Die mit tiefen Schlaglöchern übersäte Straße war für ihn so schmerzlich, dass er danach zeitweilig eine Halsmanschette tragen musste, um die Halswirbelsäule wieder zu stabilisieren. Die von ukrainischen Siedlern errichtete erste Kirche in Slawgorod wurde unter Nikita Chruschtschow abgerissen und durch eine Bibliothek ersetzt. Nun konnte der Berliner Kardinal die neue Holzkirche Mariä Himmelfahrt in Anwesenheit von 300 Gläubigen konsekrieren. Msgr. Gawol aus Tonkoschurovka in Nordkasachstan war ebenfalls zur Feier angereist. Wichtige Texte der zweistündigen Weiheliturgie übersetzte der Bischofssekretär ins Russische, ebenso die Predigt des Kardinals. Sterzinsky beeindruckte die Russlanddeutschen mit seiner bewusst schlichten Predigt, anschaulich, lebensnah und ohne Fremdwörter und theologische Höhenflüge.

Auf einer der acht Außenstationen von Slawgorod feierte Sterzinsky eine Hausmesse, und zwar in der Wohnung einer wolgadeutschen Familie. Über Jahrzehnte haben sich die Gläubigen privat in ihren vier Wänden zum Gebet getroffen. Die weiteste Außenstation liegt 260 km vom Slawgorod entfernt. Einmal monatlich feiert der Pfarrer dort die Eucharistie und übernachtet dort auch nach dieser halben Weltreise. Auf anderen näher gelegenen Außenstationen versammelt sich die »kleine Herde« in einem Clubhaus oder in einem ehemaligen Verwaltungsgebäude einer Kolchose.

In Talmenka konnte Sterzinsky das erste Kirchweihfest mit der Gemeinde feiern. Ein Jahr zuvor war die Kirche aus Fertigteilen in einer Woche zusammengebaut worden. Für Kinder und Jugendliche, die Deutsch nicht mehr verstehen, wurde auch hier die Predigt übersetzt. Anschließend führten Jugendliche ein Theaterspiel über Bernhard Lichtenberg in russischer Sprache auf. Drei Jahre später besuchte auch der Kölner Kardinal Meisner die Gemeinde in Talmenka und sagte von den Verfolgungsberichten einiger Gläubiger sichtlich bewegt: »Eigentlich müsste ich euch die Hände küssen nach so vielen Leiden, die ihr erfahren habt.«

Kardinal Sterzinsky versäumte es nie, bei seinem Besuch auch die leitenden Bischöfe der russisch-orthodoxen Kirche zu besuchen. Das Verhältnis zwischen katholischen und russisch-orthodoxen Christen war nicht überall spannungsfrei. Man beschuldigte die Katholiken der Abwerbung orthodoxer Gläubiger. Sterzinsky betonte wiederholt, dass die katholische Kirche zu den Katholiken gesandt sei, sie wolle jedoch Suchende und Atheisten nicht abweisen, habe aber nicht die Absicht, orthodoxe Christen »katholisch zu machen«.

Sterzinsky stellte die beiden Priester schließlich vor die Alternative, nach Berlin zurückzukehren oder ganz in Sibirien zu bleiben. Beide entschlossen sich unter den gegebenen Umständen zur Rückkehr. 2005 wurde Thomas Höhle die Pfarrei in Templin anvertraut. 2006 kehrte Bernhard Scholtz zurück und wurde Pfarrer in Rathenow. Noch nach Jahren urteilte Scholtz über Kardinal Sterzinskys Sibirien-Verbundenheit: »Mit dem Herzen war er immer da«. In den 90er Jahren wuchs die Zahl der Aussiedler nach Deutschland in das Land ihrer Vorfahren. Schätzungsweise lebten im Großraum Talmenka um 1990 etwa 5 000 Katholiken, 1998 waren es noch 3 078 deutschstämmige Katholiken und im Jahre 2002 nur noch 1 653.[36] Der Weggang der drei Berliner Seelsorger fiel also in die Zeit schrumpfender Gemeinden.

Ohne helfende Hände aus der Heimat ließ sich die Seelsorge in den Gemeinden der ehemaligen Sowjetunion kaum aufbauen. Lorenz Gawol wurde von Anfang an von Sr. Hedwig begleitet, die zu den Franziskanerinnen von Vöcklabruck gehört. Organisator zahlreicher LKW-Ladungen mit Hilfsgütern war der Spandauer Rainer Buschkowiak, der dafür 1995 mit dem Gregoriusorden geehrt wurde. Verschiedene Laien haben ihre Kräfte eingesetzt, wie die Gemeindereferentin Regina Melchert, um nur sie stellvertretend für andere zu nennen. Sterzinsky unterstützte auch den Einsatz von Zivildienstleistenden (Zivis), nachdem die Bundesregierung das Bistum als »Träger für den anderen Dienst im Ausland« anerkannt hatte. Berlin übernahm die Versicherungskosten der Zivis, einzelne Schwesternhäuser übernahmen Patenschaften für das den Zivis zustehende monatliche Taschengeld. Die Zivis waren in Marx/Wolga, Slawgorod, Talmenka, Nowosibirsk und in Tomsk tätig.

Die dritte Russland-Reise von Sterzinsky im Jahre 2000 galt der Teilnahme an der Einweihung der erneuerten größten katholischen Kirche Russlands im Zentrum der 10-Millionen-Stadt Moskau. Das 1911 geweihte Gotteshaus im neugotischen Stil spiegelt den Leidensweg der Christen in den Jahrzehnten der bolschewistischen Herrschaft wider. Stalin verbot 1929 Messfeiern und ließ 1938 die Kirche schließen. Die Inneneinrichtung wurde geplündert,

---

36 Ebd. S. 68.

Rechte Seite: Kardinal Sterzinsky konsekrierte am 18. August 1996 die neue Kirche in Stawgorod, einen Holzbau mit ca. 45 Plätzen. Über der Kirche liegt die Pfarrwohnung, günstig für Heizung und Sicherheit. Mehrere Maler der Umgebung schmückten die Altarrückwand mit einer Kopie des Isenheimer Altars.

der Raum erhielt vier Stockwerke für ein Wohnheim. Später zog ein Forschungsinstitut ein. Nach ständigen Kontroversen um die Zukunft des verfallenen Gebäudes wurde 1996 die kirchliche Nutzung genehmigt mit der Auflage, dass die Kirche für die Kosten des stilgerechten Wiederaufbaues aufkommen müsse. Nach Spenden des deutschen Hilfswerkes Renovabis, Hilfen der nordamerikanischen Bischofskonferenz und vielen Einzelspenden konnte der vatikanische Kardinalstaatsekretär Angelo Sodano am 12. Dezember 1999 in Anwesenheit zahlreicher Kardinäle und Bischöfe die Kathedrale konsekrieren. Kardinal Sterzinsky sprach anschließend von einem gesunden Selbstbewusstsein, in dem die katholische Kirche Russlands zu sich selbst gefunden habe und nun bereit sei, »Kirche in aller Welt daran teilnehmen zu lassen«[37].

Sterzinskys Kontakte zur Kirche im Land des rumänischen Ex-Diktators Ceausescu entstanden eher zufällig. Unter den Gästen bei seiner Bischofsweihe im September 1989 saß auch der Ordinarius von Temesvar, Msgr. Sebastian Kräuter, in der St. Hedwigs-Kathedrale. Als am 15. März 1990 der aus einer deutschstämmigen Familie stammende Kräuter zusammen mit elf weiteren Geistlichen Rumäniens zum Bischof ernannt wurde und damit die Hierarchie der im Kirchenkampf schwer geprüften Kirche Rumäniens erneuert wurde, lud er Sterzinsky nach Temesvar zur Bischofsweihe ein. In der handschriftlichen Einladung dankte er dem Berliner Kardinal für seine »großzügige Geldspende und die befristete Freistellung von Domvikar Michael Theuerl, um als Zeremoniar für eine würdige Bischofsweihe zu sorgen. Dazu wurden Liturgie-Begleithefte in deutsch-rumänischer Sprache im Berliner Ordinariat gedruckt. Der Besuch des Berliner Kardinals in Temesvar, der größten Stadt im Banat, fand nur wenige Monate nach dem blutigen Dezember 1989 statt. Neben Bukarest war Temesvar ein Zentrum der rumänischen Revolution, die mit der Hinrichtung Ceausescus und seiner Frau am 25. Dezember 1989 endete.

Acht Jahre später, vom 13. bis zum 18. August 2008, reiste der Berliner Kardinal erneut nach Rumänien, diesmal in das Bistum Iasi an der Grenze zu Moldawien und zur Ukraine.[38] Er war vom Bischof Gherghel von Iasi eingeladen, bei der Wallfahrt am 14./15. August nach Cacica in der Bukowina die Festpredigt zu halten. Zum Bistum Iasi gehört auch die Landschaft mit den berühmten orthodoxen Moldauklöstern, die mit ihren farbenfrohen, kunstvol-

---

37 Kirchenzeitung für das Bistum Berlin vom 9. Januar 2000.
38 Theuerl, Michael: In der Gemeinschaft der Weltkirche. Von einer Reise mit Kardinal Sterzinsky nach Rumänien. In: Jahrbuch für das Erzbistum Berlin, 2011, S. 38-45.

len Fresken zum Weltkulturerbe der UNESCO zählen. Etwa 15 000 Gläubige waren teilweise zu Fuß zur eindrucksvollen Lichterprozession am Abend vor dem Fest Mariä Himmelfahrt angereist. Nach dem Zusammenbruch des Kommunismus wurde der Bau neuer Kirchen in der Diözese verstärkt fortgesetzt. Der Berliner Kardinal konnte bei seinem kurzen Aufenthalt zwei neue Kirchen konsekrieren. Schon allein die Anwesenheit eines Kardinals aus der deutschen Bundeshauptstadt war für die Kirche am östlichen Rand Europas Ermutigung und Stärkung, zur Weltkirche zu gehören. Aus seiner DDR-Zeit wusste Sterzinsky nur zu gut, was weltkirchliche Verbundenheit bedeutet.

»Familienbischof« oft gefragt

In der Deutschen Bischofskonferenz hatte der Berliner Kardinal den Vorsitz in der Kommission »Ehe und Familie«. Da er selbst aus einer großen Familie stammte, musste er nicht vom grünen Tisch aus argumentieren. Der Wandel in der Gestalt der Familie in den letzten hundert Jahren verlangte neue pastorale Antworten. Die Zeiten der »drei Ks« – Kirche, Küche, Kinder – waren längst vorbei. Der berechtigte Wunsch nach Selbstverwirklichung von Mann und Frau bringt andere Probleme mit sich als in der Großfamilie früherer Zeiten. Viele Männer und Frauen sind alleinerziehend. Zahlreiche Kinder nehmen zwar das »Dienstleitungszentrum Mama« noch möglichst lange in Anspruch, gehen sonst aber ihrer Wege. Es gibt viele Symptome, die belegen, dass wir nicht gerade in einer familienfreundlichen Gesellschaft leben. »Eine Gemeinde ist dann familienfreundlich, wenn sie erkennen lässt, wie viel Sympathie sie für Eltern hat, die mehrere Kinder haben, und die nicht nur ständig davon spricht, wie diese Eltern sich durch die Kinder einschränken müssen.«[39] Lebensabschnittspartnerschaften sind inzwischen ein neues Phänomen geworden. Aber »die Werte von Verlässlichkeit und Treue, Versöhnungsbereitschaft und Selbstlosigkeit, auch Opferbereitschaft«[40] müssen erkannt und bejaht werden, wenn Partnerschaft und Ehe gelingen sollen.

Als Familienbischof musste Sterzinsky immer wieder öffentlich Stellung beziehen, die Meinungshoheit in einer pluralen Gesellschaft durfte schließlich nicht einigen wenigen überlassen bleiben. Er hätte lieber manche Experten oder kundige Sachreferenten in Fernsehstatements auftreten lassen. Aber immer wollten die Medien vor der Kamera und dem Mikrophon die kompe-

---

[39] Sterzinsky im Gespräch, S. 57.
[40] Ebd. S. 64.

tente Spitze haben und so musste der Kommissionsvorsitzende ran. Das galt auch für die Frage der wiederverheiratet Geschiedenen. Von Alleingängen in der Gesamtkirche hielt der Berliner Kardinal nichts. Eine »amtliche Zulassung weder im Einzelfall noch pauschal«[41] konnte er sich nicht vorstellen. Aber er sah auch die Kehrseite, »ob diese Menschen, die in einer zweiten Verbindung leben, nicht doch auch die Kraft aus den Sakramenten brauchen und auch das Gespür, man hat uns verziehen, was wir damals verkehrt gemacht haben. Wir sind in der Kirche trotzdem weiterhin vollberechtigte Mitglieder«[42]. In dieser Richtung müsse die Pastoral verantwortungsbewusst neue Wege suchen.

Deutsch-polnisches Gedenken an den »Fall Stettin«

Sterzinskys Vorgänger, Joachim Kardinal Meisner, sah Berlin bewusst als Drehscheibe zu den Nachbarkirchen im damaligen Warschauer Pakt. Prag, Budapest und die bedrängte Kirche in Litauen waren seine besonderen Besuchsziele. Der achte Berliner Oberhirte, der nicht gerade als reisefreudig galt, sah die Nachbarschaft zu Polen als besondere Verpflichtung. Da das Bistum Berlin bis 1945 auch Hinterpommern einschließlich der Hafenstadt Stettin umfasste, bestand eine besondere Verbundenheit zur polnischen Nachbarkirche. Der NS-Kirchenkampf hatte im Jahr 1943 im Raum Stettin bittere Spuren gezogen. »Im Zuge einer größeren Aktion wurden von der Stapoleitstelle Stettin insgesamt 40 Personen, darunter neun Ausländer (Polen und Holländer), wegen dringenden Verdachts der Vorbereitung zum Hochverrat, der Zersetzung der Wehrkraft, sowie Verbrechens gegen das Rundfunkgesetz und die Kriegswirtschafts-Verordnung festgenommen. Die treibenden Kräfte waren katholische Geistliche Pommerns.«[43] Bei dieser Gestapo-Aktion, die als »Fall Stettin« in die Geschichte einging, wurden drei Stettiner Priester hingerichtet.

Zu einem Brückenschlag mit der polnischen Nachbarkirche gestaltete sich am 12. November 1994 der Wallfahrtsgottesdienst in der ehemaligen Propsteikirche in Stettin (Szczecin). Anlass war der 50. Jahrestag der Hinrichtung

---

41 Ebd. S. 68.
42 Ebd. S. 69.
43 Meldung wichtiger staatspolizeilicher Ereignisse, Berlin vom 28. Mai 1943. In: Heinz Boberach, Berichte des SD und der Gestapo über Kirchen und Kirchenvolk in Deutschland 1934–1944. Mainz, 1971. S. 829.

Hauptbelastungszeuge im »Fall Stettin« war der aus Österreich stammende Gestapo-Spitzel Franz Pissaritsch, alias »Ingenieur Hagen«. Seine heimlichen Aufzeichnungen nach allen Gesprächen wertete das Gericht als glaubwürdig. Sie führten auch für die Hauptangeklagten zum Todesurteil: Amtsgerichtsrat Rudolf Mandrella aus Berlin-Karlshorst, Pfarrer Dr. Alfons Maria Wachsmann aus Greifswald und die Zwangsarbeiter Johannes ter Morsche (Holland) und Tadeuz Siekierski (Polen). Unterschiedliche Haftstrafen erhielten die Berliner Priester Propst Ernst Daniel aus Stettin, Kuratus Leonhard Berger aus Zinnowitz, Pfarrer Vincenz Plonka aus Wolgast, Kaplan Werner Bunge aus Stettin und Kaplan Friedrichkarl Förster aus Greifswald.

der Stettiner Blutzeugen. Mehr als 1500 Priester und Laien reisten mit einem Sonderzug oder in zwölf Bussen und Pkws in die Hafenstadt. Den Gedenkgottesdienst feierte Kardinal Sterzinsky in Konzelebration mit deutschen und polnischen Priestern. In der Messe wurde eine Gedenktafel in deutscher und polnischer Sprache enthüllt: »Zum Gedenken an die Hinrichtung der katholischen Priester aus Stettin am 13.11.1944 in Halle/Saale. Prälat Dr. Carl Lampert, Kaplan Herbert Simoleit und P. Friedrich Lorenz.« Dr. Lampert wurde am 13. November 2011 selig gesprochen. Als Gastgeschenk übergab der Kardinal dem Stettiner Erzbischof Marian Przykucki einen kostbaren Messkelch. Sterzinsky betrachtete die Wallfahrt als Gegenbesuch für die Visite des früheren Stettiner Erzbischofs Kazimierz Majdanski 1987 in Oranienburg.[44] Der durch die Hölle des KZ Dachau gegangene Majdanski hatte bei seinem Besuch in der Oranienburger Pfarrkirche eine Gedenktafel mit Namen von 82 polnischen Priestern eingeweiht, die im KZ Sachsenhausen ihr Leben verloren hatten.

Kardinal Sterzinsky betonte in seiner Predigt: »Die Nazis wussten: Wer die Botschaft Jesu vom Reich Gottes ernst nimmt, taugt nicht für das Reich des Führers Hitler. Wer sein Wort vom Frieden annimmt, ist untauglich für die Propaganda von Krieg und Herrenmenschentum. Und wer auf Gottes Macht und Seine Gerechtigkeit vertraut, wird den Machthabern dieser Welt nicht schutzlos ausgeliefert sein.«[45] Der Friedensgruß in der Liturgie im Altarraum und zu den Gläubigen über die Kirchenbänke hinweg war ein eindrucksvolles Symbol, aufgeladen mit neuem Willen zur deutsch-polnischen Versöhnung.

Nach der Wende neues Schulangebot gewagt

Schon kurz nach der NS-Zeit, in der alle katholischen Schulen aufgelöst wurden, begann schon Kardinal Preysing in West-Berlin mit katholischen Schulen einen pastoralen Schwerpunkt zu setzen. Das Canisius-Kolleg und die Neuköllner St. Marienschule waren die ersten Schulen, denen im Laufe der Jahrzehnte mehrere freie katholische Grund- und Oberschulen folgten. Im Ostteil des Bistums konnte im Rahmen des Vier-Mächte-Status Berlins nur

---

44 Georg Walf (1935–2004), zuletzt stellvertretender Generalvikar, war unermüdlicher Motor der deutsch-polnischen Kontakte. Bischof Przykucki konsekrierte auch die Spandauer Kirche Maximilian Kolbe. Georg Walf war der erste Pfarrer der Gemeinde.
45 Katholische Kirchenzeitung für das Erzbistum Berlin, Nr. 46, 20. November 1994.

die Theresienschule wiedereröffnet werden. Der Monopolanspruch des Staates ließ sonst nur Schulen zu, die der sozialistischen Ideologie dienten. Mit dem Zusammenbruch der DDR war das Ende des sozialistischen Schulmonopols gekommen. In den neuen Bundesländern war es gleichfalls möglich, freie konfessionelle Schulen zu errichten. Sterzinsky und seine Mitarbeiter standen vor neuen Herausforderungen: Östlich des Brandenburger Tores bestand Handlungsbedarf.

In der mittelalterlichen Bischofsstadt Fürstenwalde (Spree) fügten sich mehrere Faktoren glücklich zusammen. Bis zum Verbot durch die NS-Behörden 1940 gab es hier die katholische Grundschule Joseph-von-Eichendorff. Damals wie heute leben die Katholiken zwischen Berlin und Frankfurt (Oder) in der Diaspora, doch die Wege nach Fürstenwalde sind verkehrstechnisch zu bewältigen. Ein Schulbus hilft den Kindern außerdem beim Schulweg. Der damalige Pfarrer Horst Pietralla, der zugleich Dekan des Dekanates Frankfurt/Oder war, wurde Motor der Schulgründung. Bischof Sterzinsky gab am 23. März 1991 sein Einverständnis zur Gründung der Schule. Noch im gleichen Monat wurden interessierte Eltern und die Presse im überfüllten Rathaussaal von Fürstenwalde über die Schulgründung informiert. Vertreter der PDS, der SED-Nachfolge-Partei, meldeten sich zwar dabei lautstark kritisch zu Wort. Aber die Mehrheit der Anwesenden ließ sich davon kaum beeindrucken. Am 22. August 1991 begann der erste Unterrichtstag für zwei 5. und zwei 7. Klassen des Gymnasiums mit je 32 Schülern. Die Leitung übernahm Barbara Werfel, die als Vorsitzende im Stadtrat die Fürstenwalder Verhältnisse gut kannte. Eine Woche später konnte Bischof Sterzinsky die Schulräume einweihen.

Eine katholische Schule ist nicht jedermanns Sache in einem Bundesland wie Brandenburg, in dem katholische und evangelische Christen in der Minderheit unter ungetauften Mitbürgern sind. Trotzdem wurden mehr Kinder für das Bernhardinum angemeldet als aufgenommen werden konnten. Etwa 25 Prozent davon sind katholisch, die anderen evangelisch oder ungetauft. Für Letztere wird ein Grundkurs Religion angeboten. Dabei wird Toleranz großgeschrieben. 1998 fand die erste Abiturfeier für 33 Abiturienten statt. Gymnasium, Realschule und Grundschule im Bernhardinum stellen zusammen ein Schulzenrum dar, das ein attraktives Schulangebot zwischen Berlin und Frankfurt/Oder wurde.

Auch in der Gemeinde Petershagen, östlich von Berlin unweit der 26 000-Einwohner-Stadt Strausberg, überlegten bald nach der Wende Pfarrer Ernst Dickenscheid zusammen mit dem katholischen Elternkreis Strausberg, ob und wie in ihrem Raum ein christliches Bildungsangebot möglich sei. Es

Barnim-Echo

Zeitung für den Landkreis Märkisch-Oderland

akt an Brandenburgs einziger neuerbauter katholischer Grundschule

eweihte Kreuze hängen
un in jedem Klassenraum

inal Sterzinsky in Petershagen / Feier mit Eltern und Gästen

agen-Eggersdorf (rj) Nach ei- ottesdienst weihte am Sonn- Georg Kardinal Sterzinsky, :hof des Erzbistums Berlin, te in Brandenburg nach der gebaute katholische Grund- in Petershagen-Eggersdorf. och provisorisch als Filiale rnhardinums in Fürstenwal- ründet, konnte der Schulneu- m Schuljahr 1997/98 in Be- ommen werden.
am Schulneubau den über Fern- itor übertragenen Gottesdienst l hatte, war beim Festakt im

sich Mädchen und Jungen mit ihren Vorlieben, Freuden, Wünschen und Eigenarten vorstellten. Sich durch die Flure ziehende Foto-Wandzeitungen und die auf den Tag fertiggestellte Schulchronik machten offenbar, wie sehr sich Kinder, Eltern, Lehrer und Gemeinde mit ihrer neuen Schule verbunden fühlten.
Freude und Besinnung, Spaß und Nachdenklichkeit, Wünsche und Glückwünsche bestimmten das Geschehen an diesem denkwürdigen Tag. Freude über Errungenes – seit 1991 verfolgten die Mitglieder des katholi-

Genehmigungsdschungel über die Kostenfrage bis zur 1996 überraschend notwendigen Pfahlgründung für das Gebäude.
Lachen während der Geschichte vom kleinen Zehnfüßler Sonny – jedem so viele Füße wie er braucht, stellt der lustige Bursche nach seinen Begegnungen mit Tausendfüßler, Vier- und Zweibeinern bis zur fußlosen Schnecke fest. Jedes Kind hatte als Maler oder Musiker, als Vorleser, Bastler oder Schauspieler Anteil am fröhlichen Festprogramm für die zahlreichen Gäste, Mütter und Väter.

Die Märkische Oderzeitung berichtete ausführlich über die Einweihung der St. Hedwig-Schule in Petershagen. Rechts neben Kardinal Sterzinsky der Ortspfarrer Ernst Dickenscheid.

fragte sich, ob überhaupt genügend Kinder da seien. Aus dem nahe gelegenen ehemaligen Zentrum des »Ministeriums für Nationale Verteidigung« in Strausberg war inzwischen die »Hardthöhe Ost« geworden. Mit Zuzug von katholischen Familien aus dem Westen war also zu rechnen und daher auch mit Schulanmeldungen. Der Plan einer ökumenischen Schule scheiterte aus verschiedenen Gründen. Schließlich wurde ein Grundstück unmittelbar neben der Kirche erworben. 1993 konnte der Unterricht zunächst provisorisch in drei Schulcontainern begonnen werden, die ein privater Sponsor aus Köln geschenkt hatte. Kardinal Sterzinsky weihte die neu gebauten Schulräume am 22. November 1997 ein. Die Katholische Schule St. Hedwig wurde zunächst dem Bernhardinum in Fürstenwalde zugeordnet.

Die im Schuljahr 1995/1996 mit zwei Klassen eröffnete Grundschule St. Mauritius in Berlin-Lichtenberg geht gleichfalls wesentlich auf Aktivitäten von Laien zurück. Der Verein katholischer Eltern e.V. sah durch die großen Neubaugebiete in Lichtenberg, Mahrzahn, Biesdorf und Hellersdorf einen

»Der Staat darf kein Erziehungsmonopol beanspruchen. Er muss seine Erziehungsaufgaben unter Beachtung des elterlichen Willens erfüllen.« 1974 erhoben die Bischöfe in der DDR diese Forderung nur in einem gemeinsamen Fastenhirtenbrief. Nach der Wende konnte dem Elternwillen durch katholische Schulen im Land Brandenburg Raum gegeben werden. Hier weiht Kardinal Sterzinsky den Neubau des Bernhardinums in Fürstenwalde ein. Rechts der Pfarrer von Fürstenwalde, Ehrendomherr Horst Pietralla, neben ihm Domvikar Peter Wehr.

Handlungsbedarf für eine christliche Alternative zum staatlichen Grundschulangebot. Der Bezirk zählt gegenwärtig ca. 260 000 Einwohner, davon 14,2 Prozent Deutsche mit Migrationshintergrund oder Ausländer.

Die 1911 gegründete katholische Mädchenschule in Friedrichsberg nahe Lichtenberg wurde 1939 auf NS-Gleichschaltungsdruck aufgehoben. Zu DDR-Zeiten war an eine Neueröffnung nicht zu denken, schon gar nicht in Lichtenberg, am Sitz des damaligen Ministeriums für Staatssicherheit. Die Grundschule St. Mauritius ist jetzt in einer ehemaligen Kindertagesstätte im Neubaugebiet Frankfurter Allee Süd untergebracht. Sie ist die 13. Schule in der Trägerschaft des Erzbistums Berlin.

2008 konnte Kardinal Sterzinsky in der Landeshauptstadt Potsdam, genauer im Stadtteil Babelsberg, eine weitere katholische Schule einweihen. Schon zur Zeit des Soldatenkönigs wurde 1722 in Potsdam eine kleine katholische Schule gegründet. Wie alle Konfessionsschulen musste sie 1939 auf NS-Anweisung ihren Betrieb einstellen. Die neue St. Marienschule liegt in der Nähe des S-Bahnhofs Griebnitzsee. Kinder und Jugendliche aus Potsdam sowie aus dem Brandenburger Umland und dem Südwesten Berlins besuchen dieses Schulzentrum mit einer Grundschule und einem Gymnasium.

Ökumene war Chefsache

Papst Johannes XXIII. hat immer wieder die Bitte Jesu betont »Lass sie eins sein«. Diese Bitte des Herrn zog sich wie ein roter Faden durch die Pastoral von Georg Sterzinsky. Prälat Roland Steinke hat das aus nächster Nähe miterlebt:

Bei Euch ist Ökumene Chefsache. Diese Wertung hörte ich von einem Leitungsmitglied der Evangelischen Kirche Berlin-Brandenburg-schlesische Oberlausitz. Er wollte damit ausdrücken, er habe es in seiner Kirche schwerer. Dort sei das Bemühen um Ökumene – gemeint ist die Ökumene zwischen den verschiedenen Konfessionen – mehr Privatsache. Sie richte sich eher nach der Vorliebe und dem Engagement des Einzelnen. In der katholischen Kirche sei doch spätestens seit dem Zweiten Vatikanischen Konzil Ökumene weltkirchlich und verbindlich. Es gibt eine Verpflichtung zur Ökumene! Recht hatte er. Trotzdem lehrt die Erfahrung, auch in der katholischen Kirche gibt es Förderer und Bremser im Bemühen um die Ökumene. Bei Georg Kardinal Sterzinsky fielen Verpflichtung und Vorliebe zusammen – so meine Erfahrung als langjähriger Generalvikar. Bei ihm war Ökumene tatsächlich Chefsache.

Die Wurzel dafür ist mir unbekannt. Hatte er schon als Kind oder Jugendlicher positive Erfahrungen mit evangelischen Mitchristen oder protestantischen Gemeinden? Oder hatten ihn die Jahre seiner ersten Kaplansstelle in Eisenach, einem Kerngebiet der Reformation so geprägt? Oder war es seine Pfarrerzeit in Jena, in der er gute Kontakte zur evangelisch-theologischen Fakultät an der dortigen Universität pflegte?[46] *Ich habe jedenfalls in Erinnerung, auch als Generalvikar in Erfurt berichtete er öfter im Kollegenkreis über seine ökumenischen Treffen und Initiativen in Thüringen.*

Als der Ritus ökumenischer Trauungen eingeführt wurde, soll er auch über einen vergleichbaren Ritus ökumenischer Taufen nachgedacht haben. Dabei waren ihm stets theologische Klarheit und Konsequenz wichtig und auch die Beachtung der Regelungen durch die eigene Kirche.

Höhepunkt seiner ökumenischen Bemühungen als Bischof von Berlin war sicherlich der Erste Ökumenische Kirchentag in Berlin vom 28. Mai bis 1. Juni 2003 mit mehr als 200 000 Dauerteilnehmern und dem feierlichen Schlussgottesdienst vor dem Berliner Reichstag. Der Kirchentag wurde zu einem eindrucksvollem Bekenntnis für Christus und seine Kirche – wie selbst Skeptiker und Kritiker eingestehen mussten. Das betraf den Inhalt und die Organisation der Veranstaltung. Veranstalter waren der Evangelische Kirchentag, das Zentralkomitee der Deutschen Katholiken, die evangelische Kirche Berlin-Brandenburg-schlesische Oberlausitz und das Erzbistum Berlin unter Leitung von Kardinal Sterzinsky. Selbst die am Rande des Kirchentages von einigen kritischen Gruppen initiierten und von mehreren Medien hochgespielten Veranstaltungen mit Interzelebration und Interkommunion konnten daran nichts ändern. Sie waren und blieben Randerscheinungen einer extremen Minderheit.

In Berlin findet in der Nachfolge des Ökumenischen Kirchentags seitdem alle drei Jahre das »Berliner Fest der Kirchen« statt. Es wird veranstaltet vom Ökumenischen Rat Berlin-Brandenburg (ÖRBB). An Vorbereitung und Durchführung beteiligte sich Kardinal Sterzinsky persönlich mit Mitarbeiterinnen und Mitarbeitern. Man sah ihn bei den Festen der Jahre 2006 und 2009 auf dem Platz vor dem Berliner Rathaus, der St. Marienkirche und dem Fernsehturm. Sein Nachfolger im Amt, Rainer Maria Kardinal Woelki, hat diese Tradition im Jahr 2012 fortgeführt. Das nächste Fest der Kirchen ist für 2015 geplant.

---

46 »Eine große Leistung unseres Pfarrers bestand in der Förderung ökumenischen Zusammenwirkens der hier ansässigen Geistlichen der Schwesterkirchen« urteilt Fritz Schultz, Leiter des Jenaer Pfarrarchivs. Seit 1975 feiert die katholische Gemeinde ihre großen Gottesdienste als Gast in der evangelischen Stadtkirche.

Kardinal Sterzinsky, hier mit Dr. Markus Dröge, seit 2008 Bischof der Evangelischen Kirche Berlin-Brandenburg-schlesische Oberlausitz, vor dem Bundesverfassungsgericht in Karlsruhe. Sterzinsky hatte das brüderliche Miteinander mit der evangelischen Kirche, den Freikirchen und den orthodoxen Kirchen in der Bundeshauptstadt kontinuierlich gepflegt und gefördert.

Neben diesen Großveranstaltungen wuchs das Miteinander der Kirchen und Christen in vielen Einzelschritten, die für die Gemeinden fruchtbar werden. So wurden im Erzbistum schon vor längerer Zeit regelmäßige jährliche Treffen der Ökumenebeauftragten der Pfarrgemeinderäte eingeführt. Ebenso Treffen mit den Ökumenebeauftragten der evangelischen Gemeinden. Der Diözesanrat unterstützt tatkräftig diese Bemühungen. Wo es sinnvoll erschien, unternahm Kardinal Sterzinsky mit der Evangelischen Landeskirche und den anderen christlichen Kirchen gemeinsame Aktionen, so in der Frage des Religionsunterrichtes an den staatlichen Schulen, in der Frage der verkaufsfreien Sonntage, der »Nacht der offenen Kirchen«, im gemeinsamen »Brief an die Kranken« und bei mehreren sozialen Initiativen. Zur »Weltgebetsoktav für die Einheit der Christen« lud er jährlich die Christen aller Kirchen zum gemeinsamen Gottesdienst in seine Kathedrale ein.

Kardinal Sterzinsky war bemüht, Kontakte zu den anderen christlichen Konfessionen auf allen Ebenen zu stärken. Anderseits war er nicht bereit, katholisches Glaubensgut aufs Spiel zu setzen. So genehmigte er nur in seltenen Ausnahmefällen ökumenische Wortgottesdienste am Sonntagvormittag. Seine Begründung: In Zeiten, in denen die Evangelische Kirche wieder den Vorrang der Feier des Abendmahles als Gottesdienstform entdeckt, sollten Katholiken die Wichtigkeit der sonntäglichen Eucharistiefeier vorleben. Welches Vertrauen und welche Wertschätzung Georg Kardinal Sterzinsky bei den Christen und Kirchen der anderen Konfessionen erfuhr, geht auch daraus hervor, dass er mehrere Jahre zum Vorsitzenden der Ratsleitung des Ökumenischen Rates Berlin-Brandenburg gewählt wurde.

In seinem Bischofswappen war zentral das Lamm Gottes dargestellt als Erinnerung an seine ermländische Heimat, die unter dem besonderen Patronat Johannes des Täufers steht. Von dem Vorläufer stammt der Satz: »Jener muss wachsen, ich aber geringer werden« (Joh 3,30). Auch Christen anderer Konfessionen haben wohl gespürt: Hier bemüht sich jemand um die Befolgung dieser Forderung und damit um das Fundament aller Ökumene.

Roland Steinke

Noch vor 1980 begannen die ersten Angehörigen des neokatechumenalen Weges in der Ostberliner Gemeinde zur Heiligen Familie ihre missionarische Arbeit. Die geistliche Bewegung trat erstmals in den 60er Jahren in Spanien in Erscheinung. Der Maler Kiko Argüello hatte nach seiner Bekehrung diesen »Weg« verbreitet, unterstützt von Carmen Hermandez. Das Neokatechumenat ist der frühchristlichen Vorbereitung auf die Taufe nachgebildet und soll das missionarische Christsein stärken. Von Anfang an ging dieser geistlichen Gemeinschaft der Ruf einer sektenhaften Exklusivität voraus. Eine extrem hierarchische Struktur wurde ihr nachgesagt und mangelnde Transparenz für Außenstehende durch prinzipielle Gruppenmessen am Sonntagvorabend, zu denen Andersdenkenden der Zutritt verwehrt wird. Dennoch entschloss sich Kardinal Meisner den »Neos« die Gemeinde Bruder Klaus im Dekanat Neukölln ad experimentum zuzuweisen. Als sich die Zahl der Familien des »Weges« vergrößerte und auch deutsche und ausländische Theologiestudenten aus dieser geistlichen Bewegung zur Verfügung standen, stellte sich die Frage, ob diese Theologen im Bistum Berlin eine Zukunft erhalten sollen. Bei dem zunehmenden Priestermangel eine brennende, wenn auch problematische Frage.

Georg Sterzinsky vertrat die Meinung, geistliche Bewegungen hätten im

Laufe der Kirchengeschichte immer etwas Revolutionäres gebracht, aber langfristig auch viel Segen. Außerdem wäre es vielleicht ein Fingerzeig Gottes, auf diese Weise priesterlose Gemeinden in Berlin und der brandenburgischen und pommerschen Diaspora in Zukunft eher zu vermeiden. Wenn er mitmache, könne er auch eingreifen oder mitsprechen, dass es keinen Wildwuchs gebe. So wurden am 24. März 1993 zunächst ein Seminarkurs und fünf Jahre später das Seminar »Redemptoris Mater«[47] in Berlin-Biesdorf errichtet. Kapelle und Altar konsekrierte Sterzinsky am 9. Juni 2005. Das Domkapitel, der Priesterrat und der Diözesanrat widersprachen den Plänen für ein eigenes Seminar von Anfang an mündlich und schriftlich. Generalvikar Steinke begründete die abweichende Meinung in einem Brief an den Kardinal.[48] Das Schreiben spiegelte zugleich die Meinung des Domkapitels bei St. Hedwig wider. Die Einheit zwischen Priesterschaft und Gemeinden sei ein so hohes Gut, das nicht gefährdet werden dürfe. Es sei bezeichnend, dass alle anderen deutschen Diözesen – trotz bisweilen noch größerer Priesternachwuchsprobleme als bei uns – neokatechumenale Priesterausbildungsstätten abgelehnt hatten.[49]

Diese massive Ablehnung schmerzte Sterzinsky, der von Natur aus eher auf Harmonie bedacht war. Bezeichnend, dass er mehrfach Max Frisch zitierte: »Man sollte einem Anderen die Wahrheit wie einen wärmenden Mantel hinhalten, in den er hineinschlüpfen kann, und sie ihm nicht wie einen nassen Lappen um die Ohren schlagen.« Man hat Sterzinsky Konfliktscheu und Zögerlichkeit auf hohem Niveau nachgesagt. Das mag manchmal so gewesen sein. Aber es trifft sicher dann nicht zu, wenn sein Gewissen berührt war.

Mehrheitsmeinungen waren für ihn nie Druckmittel, seine eigene Gewissensüberzeugung zu opfern. Was er reflektierend und betend geprüft hatte, stellte er nicht mehr zur Disposition. Hier waren möglicherweise auch Kindheitserinnerungen in der ermländischen Heimat mitbestimmend, in denen monatelang kein deutscher Seelsorger mehr für die zurückgebliebenen deutschen Katholiken anwesend war. Die traumatischen Verwundungen in der Kindheit, besonders in den Schicksalsjahren 1945/1946, haben die charakterliche Struktur des späteren Priesters und Bischofs ganz sicher stärker geprägt, als es jene, die ihm später begegneten, erkennen konnten.

---

47 Ca. 30 Seminaristen sind seitdem durch das Seminar ausgebildet worden. Sie sind heute im Bistum Berlin oder in anderen Teilen der Weltkirche tätig.
48 Brief vom 5. Februar 1998.
49 Das zweite deutsche Seminar Redemptoris Mater hat Kardinal Meisner erst 2009 für das Erzbistum Köln errichtet.

Ein ungewöhnliches Abendessen

Das katholische Berlin feierte am 14. August 2005 auf dem traditionsreichen Bebelplatz vor der St. Hedwigs-Kathedrale das 75-jährige Bistumsjubiläum. Am Vorabend fand in der Bischofskirche eine feierliche Vesper statt, zu der Kardinal Sterzinsky die Erzbischöfe aus den vier Hauptstädten der Siegermächte der Anti-Hitler-Koalition des Zweiten Weltkrieges eingeladen hatte. Im Anschluss an diese Vesper waren die Gäste zu einem Abendessen in das Hotel Esplanade gebeten.

Als erster der Gäste ergriff das Wort der britische Erzbischof von Westminster, Cornac Kardinal Murphy-O'Connor. Er dankte dem Berliner Kardinal für

Auf dem Berliner Bebelplatz feierten rund 6000 Katholiken das Festhochamt zum Bistumsjubiläum.   Foto: Vett

Wie Oasen in einer Wüste
Gottesdienst mit Katholiken aus aller Welt in der Mitte Berlin

Noch nie war in der 75-jährigen Geschichte des Bistums Berlin der weite Platz vor der St. | Netz lockerer, und viele litten darunter. Doch im Blick auf die Geschichte des Bistums, seinen Bestand und die Vitali- | XVI. heißt". Der Vorsitzende des Ökumenischen Rates Berlin-Brandenburg Bischof Theodor Clemens, lud alle zu *die gute Idee, ein solches Treffen zu ermöglichen. Dann sprach der Erzbischof von Washington, Kardinal Theodore McCarrick. Er hatte erst bei der Vesper erfahren, dass in St. Hedwig das Gedenken an den seligen Dompropst Bernhard Lichtenberg besonders wach gehalten wird. Er habe daraufhin in der Krypta am Grab des seligen Berliner Glaubenszeugen ein Memento gehalten und dabei auch die Gedenktafel für Petro Werhun gesehen. Dr. Werhun war von 1927 bis 1940 Pfarrer der ukrainischen Katholiken in Berlin und wurde dann Apostolischer Visitator für die Ukrainer in »Großdeutschland«. Nach der Eroberung Berlins verhaftete ihn die NKWD 1945 in Berlin-Treptow und deportierte ihn als angeblichen Kollaborateur nach Sibirien. Dort starb er 1957. Johannes Paul II. hat auch ihn seliggesprochen. Diese unerwartete Begegnung mit zwei Märtyrern des Nationalsozialismus in der Berliner Kathedrale hatte den nordamerikanischen Kardinal sichtlich bewegt.*

Schließlich ergriff der Erzbischof von Paris, Jean Marie Kardinal Lustiger, das Wort. Er hatte schwere NS-Verbrechen in der eigenen Familie erleiden müssen. Seine jüdischen Eltern in Polen wurden deportiert. Die Mutter kam im KZ Auschwitz ums Leben. Er überlebte den Holocaust bei einer Familie in Frankreich und trat dort zum katholischen Glauben über. Lustiger bewunderte besonders Altkanzler Helmut Kohl, der die Hoffnung auf eine friedliche Wiedervereinigung nie aufgegeben habe. Das sei ein Dienst für ganz Europa. Lustiger sprach fließend deutsch. Man spürte sein Interesse für die Tagespolitik und die geistigen Strömungen der Zeit.

Als Letzter stand Erzbischof Tadeusz Kondrusiewicz zu einer kurzen Tischrede auf. Er stammt aus Weißrussland und gehört schon zur Nachkriegsgeneration. Er hatte im litauischen Kaunas studiert und dort die Priesterweihe empfangen. 1991 wurde er Apostolischer Administrator für das europäische Russland mit Sitz in Moskau. Der Erzbischof dankte Kardinal Sterzinsky für die Ermutigung und finanzielle Hilfe beim Bau einer Kirche in seinem Bistum. Anschließend gab es noch viel Zeit zu Einzelgesprächen. Kardinal Sterzinsky hat selbst keine Tischrede gehalten, nachdem Alfons Schoeps als Organisator die Gäste kurz begrüßt hatte. Aber wohl niemand von den Teilnehmern wird diese Begegnung vergessen, bei der ein kleines Kapitel europäischer Vergangenheit lebendig wurde und die Tragödie des Zweiten Weltkrieges einen brüderlichen, versöhnlichen Nachklang fand.

Dr. Herbert Gillesen

Mit dem Papst im Olympiastadion

Der 5. November ist seit Jahrzehnten ein festes Datum im Bistumskalender. Der Todestag von Dompropst Bernhard Lichtenberg im Jahr 1943 erinnert an das schmerzliche Kapitel Kirchenkampf im »Dritten Reich«, aber auch an den Bekennermut von Frauen und Männern, die bereit waren, Gott mehr zu gehorchen als den Menschen. Schon als Georg Sterzinsky das Berliner Bischofsamt übernahm, fand jeweils am Todestag von Lichtenberg ein Gedenkgottesdienst in der Kathedrale von St. Hedwig statt. Er behielt diese Tradition bei. Mit der Seligsprechung des Berliner Dompropstes durch Papst Johannes Paul II. am 23. Juni 1996 im Olympiastadion, zusammen mit dem im KZ Dachau heimlich zum Priester geweihten Karl Leisner, erhielt das Gedenken eine neue Wertschätzung.

Zum ersten Mal besuchte 1996 ein Papst die deutsche Hauptstadt des wiedervereinigten Deutschland. Seine wegweisende Ansprache am Brandenburger Tor fand große Resonanz. Der Protest von Demonstranten bei der Fahrt Unter den Linden, die den Papst aus Polen wegen seiner Sexualmoral mit Eiern bewarfen, gestaltete sich ähnlich wie schon in anderen westeuropäischen Hauptstädten. Sterzinsky musste, neben dem Papst im Papamobil stehend, den säkularen Widerspruch mit ihm gemeinsam einstecken. In seiner Ansprache vor dem Brandenburger Tor erinnerte der Papst an die zwei vergangenen Diktaturen in Deutschland. Der einen diente das Brandenburger Tor »als imposante Kulisse für Paraden und Fackelzüge«, die andere ließ »das Tor mitten in der Stadt zumauern«. Aus der Nahtstelle Europas wurde die »unnatürliche Schnittstelle zwischen Ost und West«. Johannes Paul II. wünschte abschließend: »Gott segne Berlin! Gott beschütze Deutschland!« Eingeengt in ein strenges Protokoll, nicht zuletzt wegen der Fernsehübertragungen, wurde die Vesper in der Unterkirche von St. Hedwig am Grab des Blutzeugen Bernhard Lichtenberg ein weiterer Höhepunkt des Papstbesuches.

Bücherfan und religiös Suchender

Wichtigtuer waren Sterzinsky zuwider. Jeder eitlen Selbstinszenierung ging er aus dem Wege. Es störte ihn nicht, dass er vielfach unterschätzt wurde. Weil er selbst nichts von sich hermachte, war er auch sensibel bei angeberischen Schilderungen. Er liebte die leisen Töne. Besonders in den späten Abendstunden nahm er gern eine theologische Neuerscheinung zur Hand, um in der modernen Theologie auf dem Laufenden zu sein. Roland Steinke sieht darin und überhaupt in der Liebe zu Büchern einen Wesenszug von Georg Sterzinsky:

Wer heute unsere Katholische Akademie besucht, findet dort einen eigenen großen Raumkomplex vor mit der Privatbibliothek von Georg Kardinal Sterzinsky. Sie enthält 13 000 Bände. Im Testament vermachte er seine gesammelten Bücher als sein Lieblingsprojekt – so könnte man seine Bibliothek bezeichnen – der von ihm mitgegründeten Akademie in der Chausseestraße im Berliner Stadtzentrum.

Man kann wohl sagen, Sterzinsky war ein Büchernarr. Ich erinnere mich an eine Szene, als er noch Generalvikar in Erfurt war. Alle Generalvikare aus der DDR nahmen in den achtziger Jahren an einer Konferenz der deutschsprachigen Generalvikare in Wien teil. Alle machten in der tagungsfreien Zeit eine Sightseeingtour durch die Stadt mit ihren Sehenswürdigkeiten. Nur GV Sterzinsky hatte Wichtigeres vor. Er suchte die große Buchhandlung Herder in Wien auf und las theologische und philosophische Neuerscheinungen und bestellte entsprechenden Nachschub für seinen heimischen Bücherbestand.

Später als Bischof fand er abends nach einem arbeitsreichen Tag oft noch Zeit, sich – bei einer guten Zigarre – in neue theologische und philosophische Literatur zu vertiefen. Bei Tagungen und Diskussionen mit Mitbrüdern war ich oft verblüfft, dass er auch schon die Literatur seiner Diskussionskontrahenten studiert hatte und kannte sie nicht selten besser als diese selbst.

Ursprung dieses Hobbys war im Tiefsten wohl die Tatsache, dass Sterzinsky Zeit seines Lebens ein Fragender und Suchender geblieben ist. Ich empfand das stets als positiv und für einen Priester und erst recht für einen Bischof nicht selbstverständlich. Sollen Christen doch stets Gottessucher bleiben.

Eine weitere Folge seines breiten Wissens war wohl seine Toleranz. Gerade in einem Großstadtbistum ist es wohltuend und nicht selbstverständlich, wenn bei aller Klarheit des eigenen Glaubensbekenntnisses eine Breite des religiösen Lebens innerhalb der Kirche geduldet und gefördert wird. Das habe ich bei Georg Sterzinsky geschätzt. Hinzu kam seit seinem Wirken als Pfarrer von Jena und seiner Amtszeit als Generalvikar sein starkes Engagement in der Ökumene. So war er – wohl einzigartig in einem Diasporabistum – als katholischer Bischof über viele Jahre gewählter Vorsitzender des Ökumenischen Rates Berlin-Brandenburg. Ich habe immer gehört, alle Christen der Region fühlten sich durch ihn gut vertreten. Auch das gute Gelingen des Ersten Ökumenischen Kirchentages in Berlin 2003 ist seiner positiven ökumenischen Grundhaltung mit zu verdanken.

Nicht zuletzt habe ich auch als Ordensreferent im Erzbistum stets sein Interesse an geistlichen Berufungen und individuellen religiösen Wegen und Charismen erfahren. Er nahm sich Zeit für persönliche Gespräche mit Betroffenen. Hier war er ganz Seelsorger und ehemaliger Pfarrer. Dabei blieb seine Grundhaltung trotz seiner hohen amtlichen Stellung ein religiös Suchender.

Roland Steinke

Schwere Krankheit und Tod

Mit seiner Gesundheit ging Sterzinsky nicht immer gerade pfleglich um. Bei der Übernahme von Terminpflichten schonte er sich wenig. Er war Diabetiker und litt unter Bluthochdruck. Seine Schwester Gisela Sterzinsky achtete mehr darauf als er selbst, dass sich die Sünden gegen die Diätvorschriften in Grenzen hielten. Die von einem behandelnden Arzt empfohlenen Ratschläge befolgte er erst, als dieser ihm ultimativ schriftlich mitteilte, dass er andernfalls jede weitere ärztliche Verantwortung ablehne.

Da Weihbischof Wolfgang Weider die bischöfliche Altergrenze von 75 Jahren schon überschritten hatte, stand die Frage eines Nachfolgers dringlich an. Diese Ernennung eines jüngeren Berliner Weihbischofs zog sich länger hin als gedacht. Der notwendige römische Informativprozess für einen Bischofskandidaten kann erfahrungsgemäß seine Tücken haben. Da kann es Querschüsse geben und damit Verzögerungen. Sterzinsky musste sich vorwurfsvolle Kritik aus dem Klerus anhören. Darauf konnte er zur eigenen Verteidigung natürlich nicht sein Hintergrundwissen ausbreiten, ohne die Vertraulichkeit zu verletzen. Schließlich ernannte Papst Benedikt XVI. am 18. Februar 2009 Domkapitular Dr. Matthias Heinrich zum neuen Weihbischof. Kardinal Sterzinsky erteilte ihm am 19. April in der St. Hedwigs-Kathedrale die Bischofsweihe. Mitkonsekratoren waren der Kölner Kardinal Joachim Meisner, der als ehemaliger Berliner Oberhirte Heinrich 1981 in Berlin zum Priester geweiht hatte, und Weihbischof Wolfgang Weider. Dr. Heinrich wählte als bischöflichen Wahlspruch das Wort des Täufers Johannes aus dem Johannesevangelium 3,30 »Er muss wachsen«.

Schon im Herbst des Vorjahres, noch bevor Georg Kardinal Sterzinsky das 75. Lebensjahr erreicht hatte, an dem Bischöfe nach kirchlichem Recht beim Papst den Rücktritt zu erklären haben, reichte er sein Rücktrittsgesuch ein. Sein Gesundheitszustand verschlechterte sich rapide. Die Einweisung ins St. Hedwig-Krankenhaus wurde notwendig. Eine Magen-OP brachte nicht die erhoffte Besserung. Auch ein späteres längeres künstliches Koma half wenig. Am 30. Juni 2011 starb Kardinal Sterzinsky früh um 5:30 Uhr im St. Hedwig-Krankenhaus.

Beim Requiem in der Bischofskirche St. Hedwig am 9. Juli stand der mit der Mitra geschmückte Sarg sichtbar für alle Trauergäste vor den Stufen zur Unterkirche. Die Gedenkpredigt hielt der Erfurter Bischof Joachim Wanke. Georg Sterzinsky sei ein »Lastenträger« gewesen, der bereitwillig sein Joch auf sich genommen habe. Im Letzten war er »Pfarrer im besten Sinn des Wortes«. Er habe ihm auch einmal gesagt, dass »seine Jahre als Pfarrer in Jena damals in grauer DDR-Zeit seine wohl schönsten Jahre« waren. »Hier konnte er sein, was er sein wollte: ein Seelsorger, der Menschen zu Christus führt.« Als man Sterzinsky in einem Interview einmal fragte, ob es stimme, dass er in vielem Pfarrer geblieben sei, antwortete er: »Es ist gut, dass einmal ein Pfarrer, der Gemeinde-Erfahrung hat, in die Verwaltung kommt. Er weiß, wie es Seelsorgern in der Gemeinde zumute ist, und das Ordinariat hat immer der Seelsorge vor Ort zu dienen.«[50]

In zahlreichen Nachrufen wurde der verstorbene Kardinal ehrend gewürdigt. Der evangelische Bischof Dr. Markus Dröge betonte beim Requiem, er habe Sterzinsky erlebt als einen, dem es darum ging, »das Verbindende zu suchen, gemeinsam den Glauben zu feiern, das Unterscheidende zu erkennen, aber nicht zu Trennendem werden zu lassen«. Der evangelische Altbischof Dr. Wolfgang Huber schrieb in der »Bild« am 1. Juli 2011: »Er war ein aufrechter Glaubenszeuge und hat sich um die ökumenische Zusammenarbeit der Kirchen große Verdienste erworben. Höhepunkt war der Erste Ökumenische Kirchentag mit dem Leitwort ›Ihr sollt ein Segen sein‹.« Huber hob auch die »hundertprozentige Zuverlässigkeit« von Sterzinsky hervor. »Wir konnten uns unbedingt aufeinander verlassen.« Der ehemalige Regierende Bürgermeister Eberhard Diepgen erklärte: »Ich begegnete einem Mann der leisen Töne, nicht einem machtvollen Kirchenfürsten, immer dicht bei den Menschen, ein Seelsorger, der sich auch der Last administrativer Entscheidungen in dem zuvor politisch geteilten Berlin pflichtbewusst stellte.« Die Berliner Morgenpost charakterisierte den verstorbenen Kardinal am 30. Juni so: »Der 75jährige war ein Kirchenmann mit Ecken und Kanten, die respektierte Stimme des Katholizismus im weitgehend säkularisierten Berlin.« Die Überschrift in der taz hieß: »Tod nach langer Krankheit. Bescheiden und leise starb Georg Kardinal Sterzinsky.«

In einer Kapelle der Unterkirche der St. Hedwigs-Kathedrale, gegenüber dem Grab von Alfred Kardinal Bengsch, fand der achte Berliner Oberhirte

---

50 Sterzinsky im Gespräch, S. 12.

seine letzte irdische Ruhe. Der Helfer der Einheit, der als Hauptstadtbischof in der Nachwendezeit von 1989 bis 2011 die Ortskirche von Berlin wieder zu einen versuchte, ruht neben Kardinal Bengsch, dem unermüdlichen Mahner zur Bewahrung der Einheit des Bistums nach dem Mauerbau. Häufig schmücken Blumen und eine Kerze Sterzinskys Grab als Zeichen dankbarer Verbundenheit.

Das feierliche Requiem für Georg Kardinal Sterzinsky hielt der Münchener Kardinal Reinhard Marx. Zahlreiche Trauergäste aus Politik und Gesellschaft nahmen daran teil. Der Apostolische Nuntius Jean-Claude Périsset und 23 Bischöfe, darunter der Nachfolger im Amt des Berliner Erzbischofs, Rainer Maria Woelki, befanden sich unter den Gottesdienstteilnehmern.

Nachruf aus Heiligenstadt

Heute danken wir für die Berufung unseres verstorbenen Mitbruders Georg Sterzinsky in das Priester- und Bischofsamt. Über 50 Jahre hat er seine Kraft in den Dienst der Kirche gestellt, davon drei Jahre in St. Marien hier in Heiligenstadt. Als Pfarrer war er nahe an der Gemeinde und dem Alltag der Menschen, als Generalvikar am Alltag und den Sorgen der Seelsorger; in Berlin war ihm ein Bistum anvertraut, das widersprüchlicher nicht sein kann. Menschen verschiedenster Weltsichten sind dort vertreten und jede wird für normal gehalten. Berlin ist ein Schmelztiegel der Widersprüchlichkeiten. Wie kann man dort Bischof sein? Als Ostpreuße, genauer als Ermländer, hatte er keinen bequemen Zugang zu barocker Prachtentfaltung. Eher war ihm Nüchternheit in die Wiege gelegt. Freude fand Georg Sterzinsky im Spiel der Gedanken, in dem er sich der Wahrheit nähern konnte. In die erkannte Wahrheit lud er ein in seinem Dienst, vor allen durch das Wort seiner Verkündigung. Als junger Priester fand er den Zugang zu Karl Rahner. Georg Sterzinsky ahnte sofort, dass er dort Antwort auf bedrängende Fragen finden würde. Jesus hat die Botschaft vom Gottesreich gebracht, aber nicht nur den glaubenden Juden, sondern allen Völkern »von Meer zu Meer«. Keiner ist aus der Liebe Gottes ausgeschlossen. Diese Haltung prägte den Priester, in diesem Glauben war er Bischof in Berlin. Nicht jeder Mensch sucht unbedingt Gott; aber Gott sucht unbedingt jeden Menschen. Und in jedem Menschen ist ein Platz für Gott reserviert, geschaffen von der göttlichen Gnade. Die Botschaft vom universalen Heil Gottes ließ den Bischof gelassen bleiben in allem Getümmel und in aller Aufgeregtheit der letzten Jahrzehnte sowohl in der Politik wie auch in der Kirche und zwischen den Kirchen. Und dennoch war ihm kein Mensch gleichgültig. Sie alle sollten das vom Schöpfer bestimmte Ziel des Lebens erreichen, das Wohnen in Gott.

Nun wurde sein Leben erfüllt. Sein Dienst ist beendet. Christus wird ihn nun bedienen bei dem Gastmahl des Lammes in den Wohnungen des Vaters. Georg Sterzinsky wird nun schauen das Wirken der göttlichen Gnade bei den vielen Menschen, für die Christus sich hingegeben hat und sich nun als Diener in Ewigkeit hingibt. In Gott wandelt sich jede Frage zur Antwort, alle Hoffnung in Liebe, aller Glaube in die selige Schau. Die Frage nach Wahrheit wird sich auflösen in der Liebesgemeinschaft des dreifaltigen Gottes. Die spröde Hülle wird keine Grenze mehr sein für die Entfaltung seines Herzens. Unser verstorbener Seelsorger darf zurückkehren in die Quelle aller Schöpfung. Er darf Gott in die Hände legen alles, was ihm anvertraut worden ist.

Propst Heinz Josef Durstewitz beim Requiem am 9. Juli 2011

Weihbischof Weider am 9. September 2014 zum 25. Jahrestag der Bischofsweihe

Als Georg Sterzinsky heute vor 25 Jahren hier in der St. Hedwigs-Kathedrale die Bischofsweihe empfing, um die Leitung der Ortskirche von Berlin zu übernehmen, wurde ihm unter anderem auch das Kreuz überreicht. Das Kreuz ist das Erkennungszeichen eines jeden Bischofs. Einer seiner Vorgänger, Kardinal Döpfner, hatte sich als Leitwort gewählt: »Wir verkündigen Jesus Christus als den Gekreuzigten!« Das gilt für jeden Bischof. Das Kreuz ist mehr als ein Schmuckstück, mehr als ein Amtszeichen, das Kreuz ist ein Bekenntnis. Das Kreuz Jesu Christi unterscheidet uns alle von dieser Welt, erst recht einen Bischof. Es ist eine Botschaft, die ein Bischof nicht nur mit Worten, sondern mit seinem Leben zu verkündigen hat. Auch Georg Sterzinsky. Darum feiern wir heute im Gedenken an sein fast 22-jähriges Wirken in unserer Mitte die Votivmesse zum Heiligen Kreuz.

Das Kreuz der Welt ist Ausdruck von Hass und Gewalt

Die zum Kreuzestod Verurteilten hatten keine Gnade mehr in dieser Welt zu erwarten. Sie waren zum Abschaum der Welt geworden, ohne Recht und Würde. Etwas davon hat unser Bischof bereits in seiner Kindheit zu spüren bekommen, als der Krieg zu ihm nach Hause ins Ermland nach Ostpreußen kam und er die Heimat verlor. Was er damals als neunjähriger Junge erleben musste, hat ihn zeitlebens innerlich begleitet. Nur selten hat er davon gesprochen. Doch dann konnte man spüren, wie ihn die schrecklichen Erlebnisse immer noch bewegten – der Einmarsch der sowjetischen Truppen:

· *die Vergewaltigung der Frauen, die er unentdeckt unter dem Tisch zu Hause miterleben musste*
· *das Begraben der Toten, was den Kindern aufgetragen wurde; weil keine Männer mehr da waren*
· *die Angst um die sterbenskranke Mutter in dem Chaos der Vertreibung*
· *die Fluchtreise im Gepäcknetz eines Eisenbahnabteils*
· *die Sorge um die Geschwister, weil die Eltern durch Krankheit und Militärdienst ausfielen.*

Das alles schien für die zarte Seele eines kleinen Jungen zu viel und hat sich ihm so tief eingeprägt, dass es ihn zeitlebens nicht mehr losgelassen hat. Aber das Leid im Leben eines Menschen ist nicht nur das Sichtbarwerden des Bösen, sondern auch der Ansatzpunkt der Liebe Gottes. Denn das Kreuz von Golgatha ist Offenbarung dieser Liebe, die so groß war, dass der Vater den einzigen Sohn dahin gab, damit jeder, der an ihn glaubt, nicht verloren geht, sondern ewiges Leben hat. Wir wissen nicht, was im gläubigen Herzen des Kindes Georg Sterzinsky in dieser schlimmen Zeit vor sich gegangen ist. Aber wir wissen, dass er durch diese Schrecken hindurch in die Berufung zum Priestertum geführt wurde und durch die nicht immer leichten Jahre in seinem späteren Dienst an den Menschen von einem tiefen Glauben getragen wurde. Alle, die ihn kannten als Pfarrer von Jena und als Bischof von Berlin, können bezeugen, dass er trotz mancher rauen Schale immer zutiefst Seelsorger für die von Gott geliebten Menschen war.

Das Kreuz der Welt isoliert den Verurteilten

Der Verurteilungsspruch der Römer zum Kreuzestod lautete: »Ibis ad crucem.« Das heißt. »Geh hinaus ans Kreuz.« Und das Kreuz wurde außerhalb der Stadt aufgerichtet. Außerhalb der menschlichen Gesellschaft ohne Geborgenheit.

So hatte Georg Sterzinsky in Thüringen als vertriebener Ermländer auch etwas von der Isolation zu spüren bekommen. Er hat mir selbst erzählt, wie schwer das anfangs war, in der Geschwisterschar ohne Vater, der noch im Krieg, bzw. in der Gefangenschaft war und ohne Mutter, die inzwischen verstorben war, aufzuwachsen. Manchmal konnte er nicht einmal alle Schulstunden besuchen, weil er als Ältester auf die Geschwister aufzupassen hatte.

Und es wird ihm 1989 auch nicht leicht geworden sein, in die große Stadt Berlin zu kommen. Er hat immer geträumt von der grünen Natur und dem freien Land, wo er aufgewachsen war. Auch als Bischof hat er sich einsam gefühlt. Ich weiß, wie schwer es ihm geworden ist, in der Finanzkrise bei den bischöflichen Mitbrüdern um Hilfe zu bitten. Und es war nicht immer leicht, dort Verständnis für die Entstehungsgründe dieser Krise zu finden. Dazu brauchte es viel Kenntnis der großen Probleme beim Zusammenwachsen des durch die Mauer geteilten einen Bistums.

Kardinal Sterzinsky hat dieses Leid als Kreuz getragen. Er hat oft vor dem Tabernakel in seiner Hauskapelle betend zugebracht. Dabei wird er gespürt haben, dass das Kreuz Jesu auch verbindet. Er wusste um das Wort seines Meisters: »Wenn ich von der Erde erhöht sein werde, will ich alle an mich ziehen.« Der Herr hat ihn da in seiner Einsamkeit an sich gezogen und ihm Mut gemacht, das Kreuz seines Dienstes weiterzutragen, auch als ihm andere rieten, vorzeitig in den Ruhestand zu gehen.

Das Kreuz der Welt führt an die letzte Grenze des Menschen, an den Tod

Wer ans Kreuz genagelt wurde, hatte keine Chance mehr zu überleben. Er war dem schmerzlichen Erstickungstod ausgeliefert. Es blieb ihm keine andere Wahl als zu sterben.

Kardinal Sterzinsky war viel kränker, als die Öffentlichkeit ahnte. Er hatte oft mit Schmerzen zu kämpfen. Auch schon vor seiner Zeit in Berlin. Aber er hat sich nie gehen lassen und hat sich nie geschont. Vielleicht erinnert sich noch mancher, dass er beim Predigen eine Zeit lang nicht stehen konnte und sich dabei auf die Kathedra setzen musste. Aber er hat nie viel Aufhebens davon gemacht, wie er überhaupt seine Person nie in den Vordergrund gespielt hat. Er hat allen Widerständen zum Trotz seinen Dienst bis zum Beginn seines Krankenhausaufenthaltes in Treue durchgestanden. Und als er dann zum Ende seines Lebens ein halbes Jahr in großer Armseligkeit auf dem Krankenbett wie auf das Kreuz hingestreckt war, blieb ihm nichts mehr als das Gebet, das ihm andere vorsprechen mussten. Wir wissen nicht, wie sehr er in dieser schweren Zeit seelisch und körperlich gelitten hat, doch wir hatten den Eindruck, dass das Beten von Rosenkranz und Stundengebet ihm eine große Hilfe war.

So ist er mit dem Kreuz des Herrn in Berührung gekommen. Und dieses Kreuz hat ihn in der langen Zeit des Sterbens durch alle schmerzlichen Phasen des Krankseins hindurch in das Leben Gottes geführt. Auf diese Weise hat sich an ihm das Pauluswort erfüllt: »Sind wir mit Christus gestorben, so werden wir auch mit ihm leben.«

Und nun lebt er mit Christus bei Gott. Sein Kreuz, das er mittragen musste, ist für ihn zum Zeichen des Lebens geworden. Auf diese Weise hat der verstorbene Kardinal in den 22 Jahren seines Dienstes im Erzbistum Berlin verkündet: »Deus semper maior.« Gott ist größer! So hat Gott sich auch im Leid seines irdischen Lebens als der Größere erwiesen. Und wir, die wir mit ihm gelebt und vielleicht auch manchmal gelitten haben, wir waren Zeugen. Es kann sein, dass uns erst jetzt dafür die Augen aufgehen. Aber das ist ja wohl oft das Geheimnis Gottes mit seinen Boten. Wir erkennen sie erst im Rückblick. Doch uns bleibt der Dank für ihren Dienst und die Hoffnung auf Gottes bleibende Größe in unserer Armseligkeit. Amen.

Weihbischof em. Wolfgang Weider

Letztes Interview – ein Vermächtnis

Im Jahre 2011 veröffentlichte die Pressestelle des Berliner Erzbistums das Buch mit dem Titel »Erzbistum Berlin – Gesichter und Geschichten«. Das Buch mit rund 30 Portraits von Persönlichkeiten aus dem Erzbistum Berlin sollte eigentlich ein Geschenk zum 75. Geburtstag von Kardinal Sterzinsky sein. Dafür gab auch Georg Kardinal Sterzinsky ein längeres Interview. Keiner der Beteiligten und der Befragte selbst ahnten, dass es das letzte persönliche Bekenntnis von Georg Kardinal Sterzinsky werden sollte:

Herr Kardinal, haben Sie Ihre Zusage, sich von Gott als Priester in den Dienst nehmen zu lassen, auch manchmal bezweifelt oder in Frage gestellt?

Bedacht ja, bezweifelt nein! Wir haben uns im Weihekurs anlässlich des 50-jährigen Weihejubiläums zu einem Einkehrtag getroffen. Manche haben eingestanden: »Wenn ich damals schon gewusst hätte, was alles auf mich zukommt ...« Die Situation hat sich oft verändert. Als wir mit dem Studium begannen, hat keiner an ein Konzil gedacht. Vor der Weihe wussten wir: Ein Konzil kommt, aber keiner ahnte, was es in Bewegung setzen würde. Die Aufgaben und Herausforderungen waren immer wieder andere, auf die wir nicht wirklich vorbereitet waren, auch nicht vorbereitet sein konnten, bis hin zur Wiedergewinnung der Einheit Deutschlands. In jeder dieser Situation habe ich mich gefragt: Ist es das, wofür ich mich habe weihen lassen? Und jede dieser Situationen hat erneut ein bewusstes »Ich bin bereit« erfordert. Aber immer neu habe ich auch die Erfahrung gemacht: Wenn ich mich auf die Anforderungen eingelassen habe, wenn ich mich in den Dienst nehmen ließ, wurde mir die Kraft gegeben, ihn auch recht und schlecht zu erfüllen. Es war immer schwerer als ich erwartete, aber die Gnade war auch immer größer. Wie es mein Wahlspruch als Bischof sagt: »Deus semper maior.«

Hatten Sie es vor 50 Jahren einfacher als ein junger Mann, der sich heute für den Priesterberuf entscheidet?

Ja, wir hatten es einfacher. Erstens gab es in der DDR eine Konfrontation mit dem Staat. Die Partei hatte ganz klar erklärt: Die Kirche werden wir vernichten! Und wir jungen Leute haben uns gesagt: Das lassen wir uns nicht gefallen, wir bieten Euch die Stirn! Eine solche Konfrontation ist eine Herausforderung, die stärkt. Zweitens hatten wir in den Pfarreien Gemeindemitglieder, die sagten: Wir brauchen die Priester, wir brauchen den priesterlichen Dienst. Sie haben auch erwartet, dass die Priester ihrer Berufung entsprechend leben. Diese Erwartung hat uns natürlich auch motiviert, so zu leben. Aber sie haben nicht gesagt, weil die Priester so leben, wie sie vorgeben zu leben, schätzen wir sie, sondern sie haben gesagt: Der priesterliche Dienst ist uns so viel wert, dass wir die Priester schätzen. Das ist heute anders. In vielen Gemeinden ist die Haltung zu beobachten: Wenn der priesterliche Dienst ausfällt, dann fällt er halt aus, und dann wird er eben ersetzt durch etwas anderes. Das ist ganz schwierig für jeden, der vor der Frage steht, Priester zu werden oder nicht, wenn es anscheinend auch ohne Priester geht.

Sie haben gesagt, dass schwere Zeiten hinter Ihnen liegen. Sie hatten aber als Pfarrer in Jena, in der größten Gemeinde der DDR mit rund 10 000 Gläubigen, gut 2 000 Gemeindemitglieder, die Sonntag für Sonntag zu den Gottesdiensten gekommen sind. Gibt es aus dieser Zeit Erfahrungen, die Sie stark gemacht haben?

Ja, jeder Sonntagsgottesdienst war so eine Erfahrung. Am Sonntagvormittag feierte ich in Jena vier Gottesdienste hintereinander, und jedes Mal war die kleine Kirche überfüllt. Man merkte es den Menschen an, dass es ihnen ein Bedürfnis war, Gott zu loben, der Predigt zu lauschen. Wenn man das Sonntag für Sonntag erlebt, so stärkt das einen. Man ist eigentlich die ganze Woche am Überlegen: Was kann ich den Menschen sagen, das sie stark macht in der Woche, im Glauben zu bleiben, zu beten, in Verbindung miteinander zu bleiben, das caritative Engagement der Gemeinde fortzusetzen, ihre Kinder im Glauben zu erziehen. Diese Frage hat mich motiviert. Und dann gab es die Unterstützung durch Einzelne, die mich gestärkt hat. Mein Vater zum Beispiel, der hat die Auseinandersetzung mit Staat und Partei noch mehr ausgefochten als ich. Mein Vater durfte nie Betriebsleiter in der Ziegelei werden, in der er arbeitete, aber man fand auch keinen Fachmann, also war er über Jahre kommissarischer Betriebsleiter. Dann sprach es sich im Betrieb herum: Der Sohn wird in einem halben Jahr Primiz haben, also nach der Priesterweihe den ersten Gottesdienst in seiner Heimatgemeinde feiern. Und dann beschloss die Partei – natürlich unter dem Siegel der Verschwiegenheit – an dem Tag, an dem der Sohn hier den Gottesdienst feiert und sich der Vater nicht vom Sohn distanziert, wird er auch diesen Posten loswerden und Hilfsarbeiter werden. Zwanzig Minuten nach dem Parteibeschluss wusste mein Vater davon. Und dann ist er denen zuvor gekommen und hat von sich aus gekündigt, was in der DDR ein Unding war. Danach war er arbeitslos. Später arbeitete er in einem Sägewerk als ungelernter Hofarbeiter. Das alles hat mein Vater für mich in Kauf genommen. Er hat gesagt: Ich werde mich von meinem Sohn nicht distanzieren. Ich hab ihn nicht gedrängt,

Priester zu werden, ich hab ihn nicht einmal finanziell unterstützen können im Studium. Aber ich habe mich gefreut, dass er es macht. Da werde ich mich doch nicht von ihm distanzieren, nur um diesen verrückten Posten eines kommissarischen Betriebsleiters in einer volkseigenen Ziegelei zu behalten. Diese Haltung meines Vaters hat mich gestärkt.

Wie haben Sie die Rolle der katholischen Kirche zu DDR-Zeit gesehen?

Wie eine geschlossene Phalanx. Wir wussten: Wir können in der Gesellschaft nichts ausrichten, also gehen wir nicht auf Konfrontation. Denn die Konfrontation würde uns höchstens schaden. Wir werden den Staat nicht attackieren, sonst passiert uns, was in der Sowjetunion passiert ist: Die Kirchen werden kassiert, geschlossen, wir müssen in den Untergrund gehen und dann wird es noch schlimmer. Oder es geschieht, was in der Tschechoslowakei geschehen ist, das würde uns auch nicht helfen. Gleichzeitig wussten wir: Wir dürfen den Staat nie hofieren, nie eine ideologische Verbeugung machen, nie nachgeben in Fragen des Glaubens und Bekenntnisses, nie mitmachen, wo wir unseren Glauben auch nur scheinbar verlieren und verleugnen. Aber wir müssen stark bleiben, für den Fall, wenn dieses verruchte System zusammenbricht. Und so war es dann auch: Als die Wende kam, waren die Katholiken da!

Die Wende: eine spannende Zeit für Sie?

Eine sehr spannende Zeit und eine nicht leicht durchschaubare Zeit. Da war ich dann schon in Berlin, im September 1989 bin ich nach Berlin gekommen.

Als Sie 1989 nach Berlin kamen, hatten Sie eigentlich vor, sich auf die neue Aufgabe ruhig einzustellen, ein Jahr lang alles anzuschauen, zu beobachten. Doch dazu kam es nicht.

Es ist eine gute Regel zu sagen: Wenn ich einen neuen Posten übernehme, mache ich ein Jahr lang alles wie der Vorgänger. Nur schauen und beurteilen, aber noch nicht anders handeln. Aber so konnte ich nicht vorgehen, ich musste alles gleich ändern.

Und ist Ihnen das aus Ihrer Sicht gelungen? Was haben Sie in der Wendezeit erreichen können?

Lange Zeit musste ich eine Konfrontation ertragen, eine Enttäuschung: Die Katholiken im Osten hatten gedacht, im Westen sei alles viel besser, wir brauchen es also nur so zu machen wie die Katholiken im Westen. Und nach nur wenigen Wochen merkten sie: Nein, das ist eine ganz andere Welt. So wollen wir nicht werden. Wir wollen es zwar so haben wie die Menschen im Westen, aber wir wollen nicht so werden wie sie. Und die im Westen guckten sich die Ostdeutschen an und sagten: Wir haben die für Helden gehalten, aber das sind sie ja gar nicht. Eine kluge Frau, die jüngst verstorbene Hanna-Renate Laurien, hat es auf die Formel gebracht: Die Westler denken, die im Osten sind doof, und die Ostler denken, die im Westen sind nicht fromm. Beides ist überspitzt, aber hat einen Anknüpfungspunkt in der Realität. Und jetzt müssen wir voneinander lernen: Die im Osten müssen lernen, dass Christen eine Verantwortung für die Gesellschaft haben, die sie nicht wahrnehmen, wenn sie sich einigeln und abschirmen. Und die im Westen müssen lernen, dass sie ihre Verantwortung für die Gesellschaft nicht wahrnehmen können, wenn sie nicht aus dem Glauben und aus der Frömmigkeit leben. Sie müssen sich um den Altar versammeln, aus dem Gebet, aus dem Wort Gottes leben. Und so ist mindestens dieses Vorurteil überwunden worden. Aber immer noch ist zu merken: Über Jahrzehnte gewachsene Mentalitäten werden auch nur über Jahrzehnte verwandelt, sie sind immer noch nicht ganz behoben. Allerdings hat sich die Bevölkerung gemischt. Aus dem Westen Berlins sind wenige in den Osten gezogen und umgekehrt auch, aber es sind viele aus Westdeutschland nach Berlin gezogen. Dadurch hat sich vieles im Bewusstsein wie auch in der Gläubigkeit gewandelt.

Wie sehen Sie die Rolle der katholischen Kirche heute? Es gibt ja immer weniger, die sonntags zum Gottesdienst kommen ...

Es wächst langsam das Bewusstsein: Wir dürfen nicht nur bewahren. Denn wir bewähren uns nur, wenn wir nach außen hin unseren Glauben einladend, sogar missionarisch leben. Und wir müssen auch sagen: Wir haben einen Auftrag für die Gesellschaft. Der Glaube kann und muss heilende Kräfte in die Gesellschaft tragen. Im Augenblick sind wir in einer ganz schweren Krise, weil plötzlich etwas offenbar wurde, was zwar da war, aber kaum einer gewusst hat: sexueller Missbrauch, Machtmissbrauch. Das müssen wir erst einmal aufarbeiten und überwinden. Das nimmt man der Kirche mit Recht übel, das darf es vor allem in der Kirche nicht geben, das darf es überall nicht geben, gibt es aber leider überall und zehnmal leider auch in der katholischen Kirche ... Die aktuelle Situation schwächt die Glaubwürdigkeit der Kirche. Es ist eine akute Krise, die wir überwinden müssen. Aber dann müssen wir wieder zeigen, dass der Glaube nicht nur dem hilft, der selbst glaubt, sondern dass der Glaube auch Kräfte weckt, die der Gesellschaft heilende Kräfte zuführen.

Sie haben sich vor 50 Jahren zum Priester weihen lassen und damit für ein eheloses Leben entschieden. Wie beurteilen Sie diese Entscheidung heute?

Als ich so zwanzig, dreiundzwanzig Jahre alt war, habe ich für mich akzeptiert, dass die Kirche es sich leistet, ihre Priester aus denen zu wählen, die zum ehelosen Leben berufen sind. Es gibt nach den Worten Jesu in der Heiligen Schrift Menschen, die sind zur Ehe berufen, und es gibt Menschen, die sind um des Himmelreiches Willen zur Ehelosigkeit berufen. Die römisch-katholische Kirche hat sich vor rund tausend Jahren entschlossen, ihre Priester aus denen zu wählen, die zur Ehelosigkeit berufen sind. Ich habe schon sehr bald, vom ersten Kaplansjahr an, junge Leute auf die Ehe vorbereitet, habe denen also sagen müssen, wie ich mir als Christ die Ehe vorzustellen habe. Dann kam ich zu der Einsicht, dass ich das als Priester nicht könnte. Ich würde der Frau, den Kindern, der Familie nie gerecht werden. Mein Fazit: Ich, für meine Person, kann keine Ehe leben. Also kann ich nicht anders, als um des Himmelreiches Willen, um des Priestertums Willen ehelos zu leben. Ich kann nur zölibatär leben. Offensichtlich muss es auch andere geben, die zur Ehelosigkeit um des Himmelreiches wegen berufen sind, und die Kirche wählt bis auf den heutigen Tag ihre Priester aus denen aus, die um des Himmelreiches Willen zur Ehelosigkeit berufen sind. Wie lange sie dabei bleibt, weiß ich nicht. Aber sie sollte es nicht in einer Krisenzeit ändern. Man deckt doch ein Dach nicht neu, während ein Gewittersturm tobt.

Seit zwanzig Jahren sind Sie Bischof. Damit müssen Sie letztlich über die Berufung anderer Menschen entscheiden. Wie geht das?

Zum Glück muss ich das nicht alleine tun. Bevor ein Kandidat geweiht wird, beurteilen verschiedene Personen, ob er geeignet ist: die Professoren im Theologie-Studium, der Theologen-Referent, die Regenten der jeweiligen Priesterseminare, die Mentoren und Praktikums-Pfarrer. Sie alle wirken an dieser Entscheidung mit. Und auch der Kandidat ist gehalten, seine Neigung und Eignung immer neu zu prüfen. Dabei ist immer ganz wichtig, ob er auf seinem Weg zum Priestertum innere Ruhe und Freude gewonnen hat. Beides halte ich für diesen Dienst als unabdingbar. Auf Selbstsicherheit hingegen kommt es nicht an.

Früher sagte man oft formelhaft »Priesterleben – Opferleben«. Darf ein Priester überhaupt glücklich sein?

Das schließt sich doch nicht aus. Im Gegenteil: Glücklichsein ist die Probe aufs Exempel, ob er auf dem rechten Weg ist. Wer Opfer nicht als ein selbst auferlegtes Opfer begreift, sondern als die Annahme des Dienstes, zu dem er gerufen ist, der wird darin sein Glück finden. Und umgekehrt: Wer meint, dass er glücklich wird, wenn er seinen Lebensplan durchsetzt, wird unglücklich. Selbstverwirklichung im Sinne Jesu besteht darin, das zu tun, wozu man berufen und gesandt ist. Je älter ich werde, umso klarer finde ich bestätigt, was Jesus sagt: »Wer sein Leben retten will, wird es verlieren. Wer es aber um meinetwillen verliert, wird es retten«. Wer sich hingibt, wird glücklich.

Grabplatte für Kardinal Sterzinsky in der Unterkirche der St. Hedwigs-Kathedrale

Zeittafel

1936	9. Februar	Georg Sterzinsky in Warlack Kreis Heilsberg geboren
1939	1. September	Kriegsausbruch. Ziegelei des Vaters stillgelegt
1945	21. Januar	Flucht vom heimatlichen Hof in Jomendorf
	22. Januar	Rote Armee erobert Allenstein und Jomendorf
	8. Mai	Kriegsende und deutsche Kapitulation
1946	Februar	Aus der ermländischen Heimat ausgewiesen
1947		Mutter Anselma Sterzinsky gestorben
1960	29. Juni	Priesterweihe in Erfurt
1960–1962		Kaplan in Eisenach
1961	13. August	Beginn des Mauerbaues
1962	11. Oktober	Zweites Vatikanisches Konzil eröffnet
1962–1964		Präfekt und Assistent im Priesterseminar Erfurt
1964–1966		Vikar Propsteikirche Heiligenstadt
1965	18. November	Hirtenbrief der polnischen Bischöfe an ihre deutschen Amtsbrüder am Ende des Zweiten Vatikanums
1966–1981		Pfarrer in Jena
1971–1975		Würzburger Synode
1973–1975		Dresdner Pastoralsynode
1975		Vater Maximilian Sterzinsky gestorben
1978		Drei-Päpste-Jahr; Paul VI. und Johannes Paul I. gestorben, Johannes Paul II. gewählt
1981–1989		Generalvikar in Erfurt
1989	24. Juni	zum Bischof von Berlin ernannt
	9. September	Bischofsweihe und Amtseinführung
	7. November	Vorsitzender der Berliner Bischofskonferenz
	12. November	Dankgottesdienst in der St. Hedwigs-Kathedrale für Mauerfall

1990	23. – 27. Mai	90. Deutscher Katholikentag im wiedervereinigten Berlin
	3. Oktober	Deutsche Einheit wiederhergestellt
1991	29. Mai	Sterzinsky wird Kardinal
	20. Juni	Bonner Bundestag bestimmt mit knapper Mehrheit Berlin zur Bundeshauptstadt, Bistum Berlin ist Hauptstadtbistum
1994	27. Juni	Berlin wird Erzbistum, Berliner Bischof wird Metropolit der Berliner Kirchenprovinz mit Suffraganbistümern Dresden-Meißen und Görlitz
1996	23. Juni	Papst Johannes Paul II. besucht Berlin. Seligsprechung von Dompropst Lichtenberg
	17. August	einwöchige Pastoralreise nach Sibirien
1998	9. Juli	Sterzinsky besucht seine ermländische Heimat. »Verspätete Primiz« in Wolfsdorf
2003	28. Mai – 1. Juni	1. Ökumenischer Kirchentag in Berlin
2005	April	Teilnahme am Konklave zur Wahl von Papst Benedikt XVI.
	14. August	Feier des 75-jährigen Berliner Bistumsjubiläums
2009	19. April	Sterzinsky weiht Dr. Matthias Heinrich zum Weihbischof
2010	29. Juni	Goldenes Priesterjubiläum Sterzinskys
2011	9. Februar	75. Geburtstag Sterzinskys
	24. Februar	Rücktrittsgesuch als Bischof von Berlin
	30. Juni	im St. Hedwig-Krankenhaus gestorben
	9. Juli	in der Unterkirche der St. Hedwigs-Kathedrale beigesetzt

Zu den Autoren

Clemens Brodkorb, 1966 geb. in Jena, 1987 – 1993 Theologiestudium in Erfurt und Rom, 1993 – 2000 Assistent bei Prof. Gatz in Rom, 1998 Leiter des Generalarchivs der Salvatorianer in Rom, 2000 Dr. theol. über »Bischof Hugo Aufderbeck in seiner Zeit als Seelsorgeamtsleiter in Magdeburg 1948 – 1962«, 2000 Archivleiter der Norddeutschen, seit 2004 der Deutschen Provinz der Jesuiten in München, Herausgeber des Jahrbuches für mitteldeutsche Kirchen- und Ordensgeschichte. Verh. vier Kinder.

Heinz Josef Durstewitz, 1945 geb. in Birkenfelde/Eichsfeld, Studium in Erfurt und Neuzelle/Oder, 1970 Priesterweihe, Kaplan in Niederorschel, Eisenach und Apolda, 1975 Studentenpfarrer in Jena und Weimar, 1982 Sekretär der Pastoralkonferenz bei der Berliner Bischofskonferenz, Herausgeber des Theologischen Bulletins, 1989 Mitglied der »Initiative gegen Prinzip und Praxis der Abgrenzung«, seit 1989 der Bewegung »Demokratie jetzt«, 1990 Oberpfarrer beim Bundesgrenzschutz, 1995 – 2011 Propst in Heiligenstadt und Kommissarius für das Eichsfeld, nichtresidierender Domkapitular des Bistums Erfurt, 2012 Ruhestand.

Herbert Gillesen, 1940 geb. in Köln, Studium in Köln, Madrid und Paris, 1965 Dr. phil. über argentinischen Romancier und Diplomaten Eduardo Mallea, 1975 Habilitation über Lyriker Pierre Emmanuel und Prof. für Romanistik an der FU Berlin, 1980 Priesterweihe, Kaplan in Berlin-Gropiusstadt und Steglitz, 1984 – 2010 Pfarrer in St. Bernhard Berlin-Dahlem, Mitarbeit in der Katholischen Rundfunkarbeit, 1992 Spiritual Priesterseminar, 2003 zusätzlich Leiter der englischsprachigen Mission.

Wolfgang Knauft, 1928 geb. in Berlin-Spandau, 1944/1945 Luftwaffenhelfer und amerikanische Gefangenschaft, Studium in Fulda und Neuzelle/Oder, 1954 Priesterweihe, Kaplan in Schöneberg und Neukölln, 1959 Mitarbeiter Morus-Verlag, 1962 Redakteur der Bistumszeitung »Petrusblatt«, 1967 Leiter Referat Öffentlichkeitsarbeit,1970 Rundfunkbeauftragter RIAS und 1976 des SFB, 1984 zusätzlich Pfarradministrator St. Marien in Berlin-Wilmersdorf, 1988 Domkapitular, 2004 Ruhestand.

Paul Julius Kockelmann, 1930 geb. Berlin-Dahlem, Studium in Fulda, München und Neuzelle/Oder, 1954 Priesterweihe, Kaplan in Gotha und Rudolstadt, 1963 Pfarrer in Birkungen, 1967 – 1995 Propst in Heiligenstadt und Bischöflicher Kommissarius für das Eichsfeld, Prälat, 1973 einer der vier Vizepräsidenten der Dresdner Pastoralsynode, 1989/1990 Moderator des Runden Tisches in Heiligenstadt, 1995 Rektor des Familienzentrums Kerbscher Berg, b. Dingelstädt, Ruhestand.

Roland Steinke, 1936 geb. in Berlin-Mitte, Studium in Erfurt und Neuzelle/Oder, 1960 Priesterweihe, Kaplan in Berlin-Lichtenberg und Ludwigsfelde, 1967 Caritasdirektor für Ostteil des Bistums, 1970 – 1985 Akademikerseelsorger, 1973 Leiter der Zentralstelle des Deutschen Caritasverbandes in Berlin, 1982 Generalvikar für den Ostteil des Bistums, 1991 Bischofsvikar für Bau und Liegenschaften, 1993 – 2001 Generalvikar, 2006 – 2010 Referent für Orden und Geistliche Gemeinschaften, Ruhestand.

Dank

Diese Broschüre wäre ohne die Hilfe vieler nicht entstanden. Daher gebührt Dank all denen, die als Zeitzeugen ihre Erinnerungen über Georg Kardinal Sterzinsky niedergeschrieben haben: Roland Steinke, Dr. Clemens Brodkorb, Dr. Herbert Gillessen, Paul Julius Kockelmann und Heinz Josef Durstewitz. Für helfende Gespräche danke ich Prof. Dr. Burkard Sauermost, Josef Michelfeit, ehemaliger Generalsekretär der Berliner Bischofskonferenz, und den emeritierten Weihbischöfen Wolfgang Weider (Berlin) und Hans-Reinhard Koch (Erfurt). Für Hilfen bin ich auch Sr. Stephania Schirmacher in München dankbar, die das Kriegsende in Allenstein erlebte, und Juliane Bittner, die jahrelang mit dem Berliner Kardinal eng zusammengearbeitet hat. Zu danken habe ich auch dem Diözesanarchiv mit Dr. Gotthard Klein und seinem Team. Besonderer Dank gilt auch Beatrix Henzel, Dipl.-Kaufmann Edgar Gido und Rosemarie Neumeister für umsichtiges Korrekturenlesen.

Wolfgang Knauft
Berlin, zum 13. Dezember 2014

Impressum

Bibliografische Information der Deutschen Nationalbibliothek
Die Deutsche Nationalbibliothek verzeichnet diese Publikation in der
Deutschen Nationalbibliografie; detaillierte bibliografische Daten sind
im Internet über http://dnb.d-nb.de abrufbar.

Besuchen Sie uns im Internet:
www.st-benno.de

Gern informieren wir Sie unverbindlich und aktuell auch in unserem
Newsletter zum Verlagsprogramm, zu Neuerscheinungen und Aktionen.
Einfach anmelden unter www.st-benno.de.

Bildnachweis:
Walter Wetzler (Umschlagfoto, S. 85, 95), Eduard Seifert (S. 31),
Pfarrarchiv Jena (S. 25), Privat (S. 16, 22, 36, 60, 65, 73),
Katholische SonntagsZeitung (S. 5, 79), Berliner Morgenpost (S. 50),
Märkische Oderzeitung (S. 72),
Diözesanarchiv Berlin (S. 10, 42, 57), Polnische Postkarten (S. 13, 69),
Pressestelle des Erzbistums Berlin (S. 76)

ISBN 978-3-7462-4377-1
St. Benno Verlag GmbH, Leipzig